Renata Cahú

13.02.07

CB143263

FHC, forças armadas e polícia

JORGE ZAVERUCHA

FHC, forças armadas e polícia

entre o autoritarismo e a democracia 1999 > 2002

EDITORA RECORD
RIO DE JANEIRO • SÃO PAULO
2005

CIP-Brasil. Catalogação-na-fonte
Sindicato Nacional dos Editores de Livros, RJ.

Zaverucha, Jorge, 1955-
Z45f FHC, forças armadas e polícia: entre o autoritarismo e a democracia (1999-2002) / Jorge Zaverucha. – Rio de Janeiro: Record, 2005.

Inclui bibliografia
ISBN 85-01-07449-7

1. Cardoso, Fernando Henrique, 1931- . 2. Brasil – Política e governo – 1999-2002. 3. Controle civil do poder militar – Brasil. 4. Relações entre civis e militares – Brasil. I. Título.

CDD – 320.981
05-2820 CDU – 32(81)

Copyright © Jorge Zaverucha, 2005

Capa: Evelyn Grumach
Foto de capa: 19.05.1998 – Gustavo Miranda / Agência O Globo – PA – Seguranças, PMs, polícia de choque, com cachorros e cavalos, e soldados do exército protegem a rampa do Palácio do Planalto de prefeitos dos municípios que tentavam entrar no prédio.

Todos os direitos reservados. Proibida a reprodução, armazenamento ou transmissão de partes deste livro, através de quaisquer meios, sem prévia autorização por escrito.

Direitos exclusivos desta edição reservados pela
DISTRIBUIDORA RECORD DE SERVIÇOS DE IMPRENSA S.A.
Rua Argentina 171 – Rio de Janeiro, RJ – 20921-380 – Tel.: 2585-2000

Impresso no Brasil

ISBN 85-01-07449-7

PEDIDOS PELO REEMBOLSO POSTAL
Caixa Postal 23.052
Rio de Janeiro, RJ – 20922-970

CÓPIA NÃO AUTORIZADA É CRIME
ABDR
ASSOCIAÇÃO BRASILEIRA DE DIREITOS REPROGRÁFICOS
RESPEITE O DIREITO AUTORAL
EDITORA AFILIADA

Sumário

Agradecimentos

O homem pode acreditar no impossível,
mas nunca no improvável.

Oscar Wilde

Eu sou um otimista, mas um otimista
que carrega um guarda-chuva.

Harold Wilson

Este livro é uma continuação do anterior, *Frágil Democracia: Collor, Itamar, FHC e os Militares (1990-1998)*, publicado também pela Editora Civilização Brasileira. A fragilidade da democracia brasileira detectada no primeiro mandato do governo Fernando Henrique Cardoso continuou no seu segundo termo, como veremos, embora muitos insistam em dizer o contrário. Ou seja, que nossa democracia está consolidada. Esta fragilidade persiste na gestão do Presidente Luiz Inácio Lula da Silva, como espero, um dia, mostrar. Decorridos vinte anos do fim do regime autoritário, afirmo que uma sólida democracia no Brasil, a curto e/ou médio prazo, é algo improvável. Segundo Oscar Wilde, não se deve acreditar em improbabilidade.

Agradeço a minha editora Luciana Villas-Boas, por voltar

a acreditar na importância do tema. Sou, também, penhorado ao CNPq pela bolsa de pesquisa que redundou neste livro. Como, também, à UFPE (Universidade Federal de Pernambuco) onde leciono. E, em particular, aos membros do Núcleo de Estudos de Instituições Coercitivas da UFPE que compartilharam comigo suas preocupações quanto à natureza e qualidade das instituições coercitivas brasileiras. Reconhecimento especial a Flávio da Cunha Rezende por sua colaboração substantiva e substanciosa na coleta de dados e elaboração das tabelas orçamentárias do capítulo 3.

Quero também agradecer a todos os (policiais) civis e militares (federais e estaduais) que me forneceram valiosas informações, mas que solicitaram anonimato. Só este receio de ser identificado já diz muito sobre nossa semidemocracia.

Sem o firme apoio das Três Meninas não teria conseguido terminar este livro. Elas me fizeram andar, tal como Harold Wilson, sempre acompanhado de guarda-chuva. Mesmo vivendo em região tropical.

1

A semidemocracia brasileira

A impunidade é segura, quando
a cumplicidade é geral.

Marquês de Maricá

O MITO DA CONSOLIDAÇÃO DA DEMOCRACIA

A idéia dominante na academia (in)ternacional, na mídia e no meio político é a de que a democracia brasileira está consolidada. O ex-presidente Fernando Henrique Cardoso (FHC), por exemplo, às vésperas de deixar o governo, afirmou que o Brasil é um dos países mais democráticos do mundo (Macedo, 2002). FHC, todavia, meses antes das eleições presidenciais, de 2001, questionou: "Querem o quê? Acham que a democracia resistirá até onde? Até onde querem levar o povo a descrer das instituições? A luz amarela está se acendendo. Se a eleição ocorrer neste clima, quem vai segurar o país? Quem segura o mercado?"[1] Neste mesmo período, o então ministro da Saúde, José Serra, declarou que a situação do Brasil lembra a do Chile pré-golpe militar de 1973 (Paiva, 2001).

[1] *O Globo*, 23 de maio de 2001.

A vontade de que nossa democracia se torne consolidada é enorme. Para isto não importa que a lógica saia ferida. Por exemplo, Bresser Pereira (1998) escreveu que "em 1985 o país completou sua transição democrática; em 1988 consolidou-a com a aprovação da Constituição". Em seguida, Bresser Pereira (2003) registrou "que a criação do Ministério da Defesa consolidou o regime democrático". Sem esquecer que Bresser Pereira (2002) afirmou que FHC ao assumir a presidência do Brasil, em 1990, já encontrou uma democracia consolidada. Ora, a Constituição foi promulgada em 1988 e, na ocasião, não recepcionou a proposta de criação do Ministério da Defesa. Este ministério só veio a ser criado em 1999, i.e., onze anos após o nascimento desta Carta Magna.

O Exército, por sua vez, em nota oficial alusiva aos 35 anos do movimento militar de 1964, declarou que "hoje, a democracia está consolidada entre nós".[2] Já o ex-vice-presidente da República, Marcos Maciel, esbanjando otimismo afirmou que "a democracia brasileira não é mais aquela plantinha tenra de que falava Otávio Mangabeira. Temos uma democracia robusta, uma árvore que lançou profundas raízes no tecido social brasileiro".[3]

Em seguida, o ex-presidente José Sarney, em artigo autoelogioso diz que a democracia foi restaurada e uma das provas disto é que "acabamos toda a legislação autoritária [e que não houve] nenhuma prontidão militar" (Sarney, 2004). Posteriormente, em entrevista afirmou que "Nós não apenas restauramos as instituições, nós criamos uma sociedade democrática, fato que não ocorreu em outros países que saíram

[2]Informex nº 009, 23 de março de 1999.

[3]"Maciel faz a defesa do voto obrigatório", *Jornal do Senado*, nº 1.707, 29 de maio de 2003.

de um processo autoritário... A democracia no Brasil está consolidadíssima" (Medeiros e Vasconcelos, 2005).

Certamente, ele se esqueceu que a Lei de Segurança Nacional, os Códigos Penal e Processual Militar, o Decreto estipulando que os serviços reservados das Polícias Militares façam parte do sistema de informação do Exército, a Lei de Imprensa, o Estatuto dos Estrangeiros e o Decreto que dispõe sobre a salvaguarda de dados, informações, documentos e materiais sigilosos de interesse da segurança da sociedade e do Estado, no âmbito da Administração Pública etc. continuam em vigor. E que se não houve prontidão militar, deveu-se ao fato de os civis cederem às pressões militares quando estas ameaçam acionar os dispositivos de uma prontidão militar. E não por os militares serem obedientes ao poder civil.

O que leva uns a acreditar na consolidação[4] da democracia brasileira enquanto outros mencionam sua fragilidade e até mesmo o risco de golpe de estado?[5] Como explicar visões tão opostas? Como explicar a ampla crença na estabilidade democrática brasileira, se apenas 37% dos brasileiros consideram a democracia o melhor sistema de governo, segundo dados coletados pelo instituto chileno Latinobarómetro?[6] Por que dos 17 países incluídos na pesquisa, o Brasil é o país que apresenta o índice mais baixo de crença na democracia como

[4]O termo consolidação deve ser usado com cautela, por se tratar de conceito *ex post facto*. Convém lembrar que a literatura definia a democracia chilena, até as vésperas do golpe pinochetista como consolidada. O mesmo para a Venezuela pré-1992, data da primeira tentativa de golpe de Estado liderada por Hugo Chávez.

[5]Comentando o fato do governo Lula ter poupado os militares na reforma da Previdência Social, o desembargador do Tribunal Regional Federal da 5.ª Região, Francisco Queiroz Cavalcanti, disse que o poder civil está refém dos militares e que eles foram preservados por receio de um golpe de Estado (Melo, 2003).

[6]http://www.latinobarometro.org/ano2003/InformeResumen_Latinobarometro_2003.pdf.

o melhor sistema de governo? (vide tabela 1). Qual o significado de 65% dos brasileiros não se importarem em serem submetidos a um governo não-democrático contanto que ele resolvesse os problemas econômicos do país?[7] Corremos o risco de nos transformar em uma democracia sem democratas? Como se falar em enraizamento da democracia entre nós com dados como os que aparecem na tabela abaixo? Afinal, em que direção a democracia brasileira está caminhando?

Tabela 1
Percentual da População que Prefere a Democracia

	1996	2000	2001	2002
Honduras	42	64	57	57
Venezuela	62	61	57	75
México	53	45	46	63
Nicarágua	59	64	43	63
Uruguai	80	84	79	78
Equador	52	54	40	49
Costa Rica	80	83	71	77
Chile	54	57	45	50
Argentina	71	71	58	65
Peru	63	64	62	57
Guatemala	51	45	33	45
Bolívia	64	62	54	56
Brasil	50	39	30	37
Paraguai	59	48	35	45
El Salvador	56	63	25	40
Panamá	75	62	34	55
Colômbia	60	50	36	39

Fonte: *Latinobarómetro.*

[7]"AL está infeliz com democracia e mercado", *Folha de S. Paulo*, 1° de novembro de 2003.

VAZIO CONCEITUAL

Existem várias definições de democracia. Para todos os gostos. Escolher uma delas não é problemático. Inclusive há a tentação de se achar que democracia consiste na confluência de todas as coisas boas, tal como se fez, analogamente, com o conceito de socialismo nos anos 1960 e 1970 (Roemer,1999).

O grande desafio é criar uma democracia que consiga conciliar o aspecto formal (procedimento) com o seu conteúdo (substância). Ou seja, transformar uma democracia de direito em democracia de fato. No sentido de que as forças em conflito consigam fazer avançar seus interesses por meio dos canais institucionais. Como ponderou o ex-presidente das Filipinas, Fidel Valdez Ramos, "o desafio político para os povos de todo o mundo atualmente não é apenas substituir regimes autoritários por democráticos. É, além disso, fazer a democracia funcionar para as pessoas comuns".[8]

A igualdade formal (procedural) da democracia liberal[9] pode servir de fachada para a manutenção de níveis substantivos de desigualdade e de violações de direitos civis. As desigualdades de riqueza e de poder impedem o alcance de igualdade nas oportunidades substantivas (Cohen, 1998). Por sua vez, igualdade social sem liberdade política desemboca em ditaduras populares por falta de competição eleitoral e de respeito aos direitos políticos. Há ainda um outro óbice, de natureza metodológica. Trata-se da dificuldade em se encontrar um padrão de medição que possa ser considerado como sen-

[8]Retirado de Sen (1999:183).

[9]Para o (des)entrelaçamento entre democracia e liberalismo ver, respectivamente, Bobbio (2002) e Zakaria (2003).

do a essência da democracia "substantiva". E mais, como escolher qual das "substâncias" será escolhida sem voltar a cair, no proceduralismo? (Shapiro, 2003).

Será que procedimentos e substância devem ser vistos como entidades apartes que não se influenciam reciprocamente? Democracia deve apenas assegurar os direitos daqueles que querem lutar politicamente por suas demandas, pouco se importando com as desigualdades sociais e jurídicas? É possível obter procedimentos com substância evitando que a democracia fique "oca"? E, simultaneamente, substância com procedimentos impedindo que a democracia seja inócua? Como conseguir um meio-termo entre democracia como mera lista de procedimentos e democracia que se identifique com a concepção substantiva das necessidades da população?

A contenda entre democracia formal ("burguesa") versus democracia substantiva ("popular") fez parte do debate político no século passado e persiste no início do novo século, em especial nos países do Terceiro Mundo. O que continua em jogo é a disputa entre a igualdade política versus a desigualdade socioeconômica. Para os marxistas de pouco vale para o trabalhador o direito de comparecer, de quatro em quatro anos, às urnas para escolher seu representante, se sua condição diária é de exploração.

Ainda para os marxistas, quando os trabalhadores procuram se organizar politicamente, somente os partidos que aceitem a ordem burguesa, ou que mesmo rejeitando-a não têm chances de vitória, são aceitos na competição política. Para eles, isto não é democracia, mas ditadura da burguesia. Caso recente seria o Partido Comunista Marxista-Leninista do Equador que foi proscrito da competição eleitoral por ter chances de vitória. Para driblar a proscrição, este partido criou um braço político legalizado, o Movimento Popular Democrático (MPD), que ajudou a eleger o então presidente Luciano Gutierrez.

Com o passar do tempo, as democracias "populares" marxistas foram ruindo. Tais democracias não conseguiram nem melhorar a vida dos trabalhadores nem lhes dar possibilidade de escolher competitivamente seus representantes. Com isto, a democracia liberal formal prevaleceu e com ela a importância da democracia política. Este tipo de democracia conseguiu estabelecer um processo estável de desenvolvimento da riqueza, da alfabetização e da urbanização. Isto é válido, em especial, para países centrais. Já para a maioria dos países do Terceiro Mundo...

Eis o paradoxo. A democracia nos países subdesenvolvidos, via de regra, funciona para uma minoria. Vai contra a lição de Tocqueville segundo a qual a democracia se justifica quando favorece o bem-estar do maior número de pessoas (Aron, 1982). Este mal-estar corrói o componente substantivo da democracia tocquevilliana.[10] Para os schumpeterianos[11] esta situação é secundária, pois a importância está na competição eleitoral. É que a concepção schumpeteriana de democracia põe em relevo a escolha dos governantes em vez de como eles exercem o poder.

Zakaria (1997; 2003), ao analisar como os governantes exercem o poder, mostrou a limitação da democracia eleitoral. Ele afirma que a ampliação das eleições pelo mundo afo-

[10]Curiosamente já há nos EUA quem se preocupe com os efeitos políticos da crescente concentração naquele país. Há o receio de que isto cimentará o surgimento de um regime menos democrático. O que Krugman (2002) chama de plutocracia com outro nome.

[11]Adeptos de Joseph Schumpeter. Para maiores detalhes ver item 1.3.

ra foi responsável pelo surgimento do que denomina de "democracia iliberal" (não-liberal). Trata-se de democracia sem o componente liberal, ou seja, há eleições livres mas os eleitos falham em proteger direitos básicos dos cidadãos.

Aos poucos, o conceito de democracia, como sinônimo de competição política, vem sendo crescentemente questionado.[12] No meu caso, não para substituí-lo, mas para aprofundá-lo mostrando suas limitações, particularmente, em países onde a desigualdade social atinge níveis abissais[13] e os direitos dos cidadãos são cotidianamente violados sem grandes perspectivas de reparação. É o retorno da antiga disputa entre "formalismo" e "substância" só que em outro patamar, mercê das lições da história. Hoje, já se sabe da existência de fortes indícios de que liberdades econômicas e políticas se reforçam mutuamente, em vez de serem conceitos antagônicos.

Sen (1999), por exemplo, mostra-se preocupado em ressaltar que a democracia não deve ser vista como uma mera competição eleitoral. O intelectual indiano, não por acaso, descreve o caso do tigre real de Bengala que habita a floresta de Sunderban. Há uma lei que proíbe caçá-los, protegendo-os. A floresta também é famosa pela qualidade de seu mel. Os pobres da região arriscam suas vidas na coleta do mel. Vários

[12]O tema central da reunião da Associação Internacional de Ciência Política (IPSA), em 2006, é: "A democracia está funcionando?" O que demonstra uma preocupação sobre como o poder é exercido.

[13]De acordo com Ricardo Paes de Barros, para um nível de desigualdade parecido com a média mundial, o Brasil, com sua renda *per capita*, deveria ter 10% de pobres em sua população. Tem, todavia, 30%. Em termos mundiais, a média de rendimentos dos 10% mais ricos da população de um país é cinco vezes maior do que a dos 40% mais pobres. No Brasil, ela é 30 vezes maior. Na Argentina, 10 vezes (Da Silva, 1999).

coletores são mortos anualmente pelos tigres por falta de oportunidade de levarem uma vida decente.

No Nordeste brasileiro, vários pescadores de lagosta morrem ou ficam inválidos, por mergulharem em grandes profundidades sem balão de oxigênio. Ao retornar à superfície, a embolia pulmonar os mata ou os aleija. E o que dizer de emigrantes brasileiros que morrem de sede no deserto do Arizona por tentarem ilegalmente uma melhor condição de vida? Qual a importância da competição eleitoral para o miserável coletor de mel, para o pescador de lagosta e para o emigrante brasileiro? A democracia não pode estar desligada do contexto socioeconômico em que vivem os indivíduos. Do contrário, torna-se, para muitos, irrelevante.

A perda da esperança das massas por uma solução institucionalizada para seus prementes problemas, leva à descrença na democracia. Daí o apelo do Movimento dos Sem-Terra, dos Zapatistas, dos Senderistas, dos Chavistas, dos "cocaleros" bolivianos etc., à revolução social. A situação agravou-se com a introdução de programas de estabilidade econômica na América Latina, de inspiração neoliberal. Via de regra, a situação de pobreza das massas deteriorou-se. Como lembrou ironicamente Paula Magariños, "com a estabilidade, os pobres podem pelo menos programar a própria miséria".[14] Situação que ameaça se espalhar pela classe média brasileira, que está cada vez mais empobrecendo (Falcão, 2004). Ou seja, aumenta-se o número de ricos e de pobres, e com isto o fosso que os separa.

Há um vazio conceitual. As teorias sobre democracias e sobre democratização não são persuasivas. Tais teorias são

[14]Elio Gaspari, *Folha de S. Paulo,* 23 de dezembro de 2001.

aplicadas, primordialmente, em países com tradição democrática. O que não é o caso do Brasil. Trata-se de *apriorismo*. Prefiro, como Tocqueville, observar os fatos, interpretá-los tendo como referência o horizonte meta político-eleitoral que lhes dá sentido e valor (Goyard-Fabre, 2003). A visão schumpeteriana de democracia ilustra este *a priorismo*, como veremos a seguir.

A INFLUÊNCIA BENÉFICA E DELETÉRIA DE SCHUMPETER

Tudo começa com o economista Joseph Schumpeter. Para ele, a democracia é minimalista no sentido de que "pode suportar, na melhor das hipóteses, apenas um envolvimento político mínimo: aquele tipo de envolvimento que poderia ser considerado suficiente para legitimar o direito das elites políticas em condições de competir para governar" (Held, 1987).

Como assim? O conceito ateniense de democracia, que pressupõe a participação direta dos cidadãos na tomada de decisões políticas, entra em declínio com o surgimento da sociedade moderna de massas. Procurando remediar esta situação, Schumpeter sugeriu uma inovação: analisar a democracia como um método. Sai o povo e entra a elite que deve representar o povo. O elitismo é, por definição, admitido entre os candidatos, mas não entre os que os escolhem. Ou seja, a regra da competição eleitoral deve incluir a grande maioria dos cidadãos. Sob esta perspectiva, a Inglaterra vitoriana, onde apenas dez por cento dos indivíduos gozavam de direitos políticos, não pode ser considerada democrática.

Como escolher a elite política? Para Schumpeter, "o método democrático é aquele acordo institucional para se chegar a decisões políticas em que os indivíduos adquirem o poder de decisão por meio de uma luta competitiva pelos votos da população" (Schumpeter, 1984:336). Deste modo, segundo Miguel (2002:16), o processo eleitoral deixa de ser um meio para a realização da democracia para ser a democracia em si. Ou seja, democracia é a capacidade dos indivíduos decidirem quem os governará. Convenhamos, não é pouco. Mas, é suficiente? Está aí tanto a grande virtude como o grande defeito da contribuição schumpeteriana. Por quê?

Os críticos de Schumpeter situam-se em dois grupos. Há os que acham indesejável o conceito de democracia competitiva e outros que o aceitam, mas o entendem insuficiente (Shapiro, 2003). A hostilidade do primeiro grupo advém da crença na supremacia do consenso sobre a competição. Em virtude de uma férrea crença no Progresso intelectual e moral, a deliberação seria capaz de distensionar os conflitos em prol da vontade da maioria.

No entanto, a realidade comprova, certa deliberação pode levar a conflitos ainda maiores. Vide o caso de israelenses e palestinos que após reuniões deliberativas estiveram tão próximos de uma solução de paz negociada através dos Acordos de Oslo. Com o fracasso das deliberações, o nível de violência bem como o número de mortos entre os dois lados tornou-se superior ao existente pré-Oslo. Ou seja, deliberação nem sempre é garantia de legitimação nem de menor dominação.

Situo-me entre os que reconhecem a importância formal da competição eleitoral. Contudo, acho este critério insuficiente para considerar um país democrático. Vide o caso da Bósnia-Herzegovina, líder mundial em eleições administradas internacionalmente. Desde 1996, são realizadas eleições a cada dois anos, mas mesmo assim não se pode considerar democrático este país (Manning & Antic, 2003). Não é preciso ir tão longe. Colômbia e Venezuela há quase meio século realizam eleições presidenciais. A Colômbia sofre com uma guerra civil, e a Venezuela foi vítima de duas tentativas de golpe de Estado por quem tornar-se-ia seu presidente eleito pelo voto popular: Hugo Chávez. A Bolívia recentemente comemorou mais de duas décadas ininterruptas de democracia eleitoral, a primeira de sua história. Contudo as divisões internas, inclusive étnicas, são de tal monta que o país corre o risco de se fragmentar.

Insisto: democracia não é redutível à competição eleitoral. Contudo, a competição política, também conhecida como democracia eleitoral, é indispensável. Não há democracia onde faltam eleições livres. Contudo, enfatiza-se, isto é condição necessária, mas não suficiente.

A raiz da crítica à redutibilidade do conceito de democracia pode ser encontrada no próprio Schumpeter. Embora ressalte a importância da liberdade política para a disputa eleitoral, ele em uma nota de rodapé indica o que entende por liberdade. Sendo economista, entende liberdade "no sentido de que qualquer pessoa é livre para instalar uma fábrica têxtil" (cf. Miguel, 2002:16).

Em uma sociedade economicamente homogênea esta afirmativa não provoca maiores reações. Mas em um país como o Brasil, onde muitos indivíduos possuem parcos recursos materiais, e o Estado é, em algumas regiões, um grande empregador, a observação de Schumpeter torna-se pouco plausível.

Caminhando por linhas tortas, o que Schumpeter desejava era encontrar o melhor modo de controlar o poder político. Sendo economista fez uma analogia entre a política e a economia. Eleitores estariam para consumidores, assim como partidos para firmas. Os votos procurados pelos políticos seriam como o lucro almejado pelo dono da firma; a perda de poder se assemelharia à firma que entra em falência etc.

Por colocar a ênfase na competição eleitoral, a democracia schumpeteriana passou a ser conhecida como subminimalista.[15] Tem a seu favor a facilidade na operacionalização do conceito. Onde há eleições existe democracia, onde não há, por conseguinte, instaura-se a não-democracia. É um mundo binário. De conseqüências perniciosas, pois ao reduzir a democracia a um método, dissocia-se democracia como condição da sociedade civil. Ou seja, dos fins, valores e interesses que animam a luta coletiva (Boron, 1994).

Este mundo dicotômico é metodologicamente tentador. Contudo, a realidade é mais complexa. Teoricamente, a competição entre políticos pelo voto do eleitor os faria responsivos perante o eleitorado. Cada político procuraria dar o melhor de si em busca da recompensa: o voto do eleitor. Usando um jargão econômico, isto funcionaria em situação de mercado perfeito. Na prática, em determinados sistemas partidários há um mercado imperfeito, i.e., a competição pode se dar muito mais entre indivíduos de um mesmo partido do que entre plataformas políticas. É comum no Brasil o político omitir sua filiação partidária em suas campanhas eleitorais.

Isto fica bem claro nas alianças do governo com os partidos políticos no Congresso Nacional. As reformas ministeriais são negociadas, via de regra, não tendo por base projetos políticos, mas sim cargos. Schumpeter provavelmente faria uma

[15]Para uma diferenciação detalhada entre minimalismo e subminimalismo ver o item 1.5.

analogia com a denominada "falha de mercado". Contudo, nenhuma economia pode funcionar eficientemente quando tais falhas são gritantes. O mesmo se pode dizer a respeito da democracia.

"Falhas de mercado" são resolvidas com mecanismos de incentivos. Para os adeptos do subminimalismo schumpeteriano é possível resolver as vicissitudes da democracia por meio, também, de estímulos. Nesta visão, compromissos normativos sobre a democracia, os chamados valores democráticos, são insignificantes.

Surge aqui nova rivalidade conceitual. O que é mais importante para a democracia, os interesses dos atores políticos ou seus valores? Faz sentido esperar que um ator político respeite o jogo democrático se o resultado do mesmo é desfavorável aos seus interesses? A resposta é sim e não. Alguns militares aceitam a democracia mesmo sabendo que dando um golpe de Estado seus interesses materiais poderiam vir a ser melhor realizados. Já outros militares guiam-se mais por interesses do que por valores. Estão dispostos a golpearem as instituições existentes em favor de outras que favoreçam mais intensamente seus interesses.

Sem esquecer que muitos indivíduos preferem seguir ordens a fazer escolhas.

Se o conceito schumpeteriano de democracia apresenta todas estas dificuldades, imagine o conceito de transição democrática. Os vícios conceituais revelam-se com intensidade redobrada. Isso porque os adeptos da concepção subminimalista focam sua atenção nas eleições esquecendo-se de importantes instituições coercitivas como as Forças Armadas e a Polícia. Embora tais instituições armadas sejam vitais para a vida democrática, por manterem a soberania do Estado e garantirem a integridade física de seus habitantes, ficam em segundo plano, na concepção schumpeteriana, por não serem... objeto de competição eleitoral.[16]

De acordo com esta visão, se a *polis* realiza eleições periódicas regularmente e a oposição tem o direito de ganhar e assumir, então a democracia está consolidada. Esquece-se que tais instituições coercitivas são capazes de limitar as decisões dos governantes que foram eleitos. Por isso mesmo fico com a definição de que a "democracia é melhor pensada como meio de administrar as relações de poder a fim de que a dominação seja minimizada" (Shapiro, 2003). Ora, quem fala em dominação, particularmente a que faz uso da coerção física, tem de, obrigatoriamente, refletir sobre Forças Armadas e Polícias.

A concepção schumpeteriana peca, também, ao julgar-se atemporal, i.e., válida para qualquer sistema político independentemente do tempo. Ignora que os direitos políticos são fruto de uma luta histórica dos movimentos populares, assim como os direitos civis resultaram da contenda do parlamento contra os soberanos absolutos (Bobbio, 1992).

De acordo com Marshall a conquista de direitos deu-se cronologicamente nesta ordem: direitos civis, políticos e sociais. Para Marshall (1967: 63-4):

> o elemento civil é composto dos direitos necessários à liberdade individual — liberdade de ir e vir, liberdade de imprensa, pensamento e fé, o direito à propriedade e de concluir contratos válidos e o direito à justiça. Este último difere dos outros porque é o direito de defender e afirmar todos os direitos

[16] Há outras instituições coercitivas não submetidas ao crivo eleitoral como o Judiciário e o Ministério Público, que, no entanto, estão fora do escopo central deste livro.

> em termos de igualdade com os outros e pelo devido encaminhamento processual. Isto nos mostra que as instituições mais intimamente associadas aos direitos civis são os tribunais de justiça. Por elemento político se deve entender o direito de participar do exercício do poder político, como um membro de um organismo investido de autoridade política ou como um eleitor dos integrantes de tais membros. As instituições correspondentes são o parlamento e o conselho de Governo local. O elemento social se refere a tudo que vai desde o direito a um mínimo de bem-estar econômico e segurança ao direito de participar, por completo, da herança social e levar a vida de um ser civilizado de acordo com os padrões que prevalecem na sociedade. As instituições mais intimamente ligadas a ele são o sistema educacional e os serviços sociais.

Ao privilegiar o componente político da democracia, Schumpeter ignora que os direitos políticos que lastreiam a competição eleitoral estão assentados por sobre os direitos civis. E, portanto, merecem destaque, pois são direitos inter-relacionados. A vitória da concepção schumpeteriana atingiu os estudos sobre redemocratização no Brasil. Os temas centrais abordados passam a ser sistema eleitoral, sistema partidário, relação Executivo-Legislativo etc. Ou seja, uma agenda política atemporal: o que se estuda em um país como, digamos, a Dinamarca, seria similar ao que se debate no Brasil.

O perfil ideal de uma nação fadada ao sucesso é uma mescla de aspectos institucionais, sociais e culturais. Ora, em um conceito dicotômico onde o que conta é a competição eleitoral, a ênfase recai nos aspectos institucionais desta competição. Considerações sobre a cultura patrimonialista, clientelista, fisiológica e corrupta que campeia no jogo eleitoral seria irrelevante. Mesmo que afete tanto o resultado da competição eleitoral como o exercício do poder e a aplicação da Lei.

GOVERNO PELA LEI (*RULE BY LAW*) EM VEZ DE GOVERNO DA LEI (*RULE OF LAW*)

A polarização socioeconômica brasileira, afora seu aspecto imoral, deve ser denunciada, também, por outra implicação. É que numa comunidade de desiguais é difícil coordenar os indivíduos no sentido de estabelecerem os limites aos abusos do Estado. Na falta desta coordenação fica mais fácil para o Estado usar da tática de dividir e governar (Mangaloni, 2003). Com sérias implicações sobre a implementação do Estado de Direito e da criação de uma ordem pacífica. O Estado de Direito é o sistema de leis, não de homens — clássica definição. Diria, das leis efetivamente obedecidas. O que não é o caso do Brasil, onde ainda perdura a máxima popular: "Aos amigos tudo, aos inimigos a lei."

Cabe ao Estado de Direito diminuir o fosso jurídico entre o país legal e o país real caso se queira erguer uma sólida democracia. Um sistema legal cujas regras são ignoradas pelos agentes estatais torna-se incapaz de obter a adesão dos cidadãos. E aí a Lei passa a ser vista como instrumento de controle social em vez de mecanismo de resolução de disputas. Afinal, um sistema legal democrático difere do autoritário pela sua confiança em induzir cooperação entre os indivíduos em vez de desconfiança.

Leis, por sua vez, não precisam ser concebidas como mera variável independente, pois, ela, por si só, é o resultado das escolhas estratégicas dos atores políticos. Além do mais, regras para serem efetivadas precisam ser acompanhadas de mecanismos de monitoramento. Tais mecanismos devem evitar a impunidade, i.e., ocorrência de violações à lei sem que haja sanção.

Estado de Direito pressupõe existência de segurança jurídica e esta só pode florescer quando há uma ordem conhecida e respeitada. Ordem no sentido de que são pessoas que convivem sob determinada forma e não apenas um conjunto de leis. Caso a democracia brasileira venha, um dia, a ser efetivamente implementada, é condição necessária que o Estado de Direito diminua a distância entre a ordem legal formal e sua aplicação. A distância entre o país legal e o país real aumenta à medida que direitos civis não são aplicados na garantia dos direitos básicos à vida e à integridade física dos indivíduos.

Juridicamente, os brasileiros podem ser definidos como pertencentes a diferentes "classes". De Carvalho (2003), lista as três "classes". Para os de primeira, a lei só funciona em seu benefício. Os de segunda "classe" estão sujeitos tanto aos rigores como aos benefícios da lei. Os de terceira, não têm seus direitos protegidos seja porque não conseguem acesso à Justiça ou porque quando o têm, terminam sendo regularmente prejudicados. Ou seja, para eles vale apenas o Código Penal. E, acrescentaria, a Polícia.

A insegurança jurídica continua sendo um problema contingente no Brasil. Portanto, duas das características do Estado de Direito consagradas pelo ideário liberal encontram-se, pelo menos parcialmente, ausentes: a previsibilidade e igualdade. Ao contrário do que pensam os liberais, a sociedade é composta muito mais por interesses organizados do que por indivíduos isolados. Holmes (2003) lembra que os direitos dos proprietários de terra foram antes garantidos do que os dos órfãos. Portanto, por definição nenhum estado liberal ou democrático trata igualmente todos perante a lei. Quanto mais em uma sociedade tão desigual quanto a brasileira. Nela, as assimetrias de poder se manifestam tanto na elaboração, interpretação como na aplicação das leis. Afinal, o quanto de desigualdade jurídica a democracia tolera?

Ora, se o governo vigente necessita, por exemplo, dos militares para garantir sua sobrevivência, obviamente irá tratá-los de um modo diferenciado. Se a lei não permite, passa-se por cima dela. Exemplos serão dados neste livro.[17] Por exemplo, inúmeras vezes FHC enviou tropas militares federais para conter distúrbios na segurança pública sem antes acionar a força policial conforme estabeleceu Lei Complementar n. 69?[18]

Governo da lei (*rule of law*) ou Estado de Direito é um tipo ideal no sentido de que todos os indivíduos são tratados igualmente. Se este Estado nunca pode ser alcançado, nada impede que se possa aproximar da justiça liberal, como lembrou Rousseau (Holmes, 2003). Para isto é preciso que vários grupos se equivalham em termos de seu poder ante os atores relevantes do aparelho estatal. Quando isto não acontece, o que prevalece são pequenos grupos com amplos poderes vis-à-vis uma massa de indivíduos desorganizada e impotente. Por isso mesmo, vige no Brasil o pluralismo assimétrico jurídico. Surge o governo pela lei (*rule by law*) em vez do governo da lei. Ou seja, no Brasil há lei, mas não há Estado de Direito.

[17]Outros exemplos podem ser encontrados em Zaverucha (1994; 2000).

[18]Esta Lei determinou que a atuação das Forças Armadas ocorrerá após esgotados os instrumentos destinados à preservação da ordem pública e da incolumidade das pessoas e patrimônio.

A desordem estabelece-se de cima para baixo. No topo, os poucos grupos privilegiados controlam o uso discricionário da lei, do poder de polícia e até mesmo da força bruta. No Brasil, a força bruta interfere abertamente no processo político conforme o que está expresso no art. 142 da Constituição Federal.[19] Na parte inferior, os desprivilegiados sentem a mão pesada da lei. Literalmente, seja nas delegacias ou nos tribunais. Deste modo, esvai-se a crença na justiça liberal para a maioria da população. Mais um indicador da falta de consolidação da nossa democracia.

No caso brasileiro, se a competição eleitoral desenrola-se em padrões aceitáveis, o mesmo não se pode dizer em relação aos direitos civis. É alvissareira a melhoria dos mecanismos de contrapesos (*check & balances*) no sentido de resolver o dilema madisoniano da tirania da maioria. Contudo, é frustrante o retrocesso na dimensão da segurança física individual. A violação dos Direitos Humanos não é algo exclusivo dos regimes autoritários. A truculência policial desafia os sistemas políticos.[20] As agências monopolizadoras do uso legítimo da força, no sentido weberiano, mostram-se autônomas vis-à-vis às autoridades democraticamente constituídas.[21] O novo tipo de ameaça é descentralizado. Os abusos do Executivo dão lugar aos abusos de um tipo inferior de burocracia, dentre eles a de policiais e de juízes (Magaloni, 2003).

[19]Maiores detalhes no capítulo 2.

[20]Penteado (2004), por exemplo, descreve como os moradores do Parque Novo Mundo, em São Paulo, são vítimas de agressões, invasões de domicílio, ameaças de morte e extorsões cometidas... por policiais militares.

[21]Policiais civis e militares burlam a lei e trabalham ou são proprietários de firma de segurança. Trata-se de prática comum. Quem é pago para manter a lei é o primeiro a violá-la.

Como assim? Magaloni (2000) lembra que o Estado de Direito soluciona dois dilemas políticos fundamentais. Provavelmente influenciada pelo que O'Donnell (1998) denominou de acountabilidade vertical e horizontal.[22] O primeiro dilema que ela chamou de eixo vertical do Estado de Direito compreende uma série de instituições (Judiciário, Ministério Público, Legislativo etc.) que limitam o poder do Estado vis-à-vis os cidadãos. Quem viveu em ditaduras entende bem o que é o Estado, e seus agentes, abusando dos cidadãos. Mas, atores privados, podem, também, abusar do direito de outros cidadãos: sem-terra contra proprietários de terras (ou vice-versa), patrões contra empregados (ou vice-versa) e bandidos contra suas vítimas (ou vice-versa) etc.

Isto leva ao segundo dilema, ou eixo-horizontal do Estado de Direito. Esta dimensão consiste em uma série de relações contratuais entre indivíduos e instituições coercitivas. O Estado não é mais a fonte de abuso. Ele passa a exercer o papel de árbitro, i.e., o aplicador da lei.

Magaloni conclui que a ausência do Estado de Direito no eixo vertical leva ao estado arbitrário, enquanto tal ausência no eixo horizontal resulta no estado de anarquia. É como se o Estado deixasse de ser muito forte, como o era durante o regime autoritário, e passasse a ser muito fraco, mercê de sua incapacidade de fazer prevalecer a lei universalmente. Ambas as situações são perigosas. No primeiro caso, há um convite à repressão estatal que pode vir a garantir certos direitos, mas, também, pode violar outros. No segundo, a anarquia leva ao

[22]Do inglês, *accountability*. Ou seja, responsabilização. De agora por diante, acountabilidade.

aumento da corrupção, de práticas clientelísticas e do exercício da justiça privada (Estrich, 1998).

Bem mais precioso que a vida não existe A liberdade de ir e vir do brasileiro está cada vez mais deteriorada, fruto da insegurança pública, particularmente nos grandes centros urbanos. Para que exista democracia faz-se mister a existência de democratas. O direito individual essencial, o de existir fisicamente, é ameaçado tanto pelos agentes estatais, mas, primordialmente, por outros indivíduos.[23] E o Estado se mostra cada vez mais incapaz de defender um indivíduo da violência de outro agente individual ou da violência policial. E o pior. O policial além de não zelar pelo cumprimento das leis, passa a seqüestrar, extorquir e ameaçar indivíduos.

O direito à propriedade, embora esteja garantido pela Constituição, costuma ser violado. Quer pelas invasões de terra, quer pela inexistência de escrituras de várias residências em áreas faveladas, violação de direitos autorais e de patentes, ou na pirataria disseminada de produtos (software, DVD, CD etc.).[24] O direito à Justiça é insuficiente. Seja pela dificuldade da maioria da população ter acesso aos tribunais, seja pela corrupção de alguns juízes, seja pela falta de eficiência do Judiciário que acumula processos e recursos, contribuindo para que pendências se transformem em atos muito lentamente. Ou pela incapacidade de proteger o

[23]http://www.pnud.org.br/index.php?lay=news&id01=313&are=jse, "Arma no Brasil mata mais do que no Iraque". O Brasil responde por 11% dos homicídios cometidos no mundo, embora tenha 2,8% da população mundial.

[24]Os EUA retiraram o Brasil do Sistema Geral de Preferências que permitia ao país exportar para este país cerca de US$ 2,5 bilhões ao ano em produtos totalmente livres de qualquer tarifa. O argumento foi o da perda por empresas americanas de bilhões de dólares anuais em função da pirataria (Zanetti, 2005).

cidadão das garras do Estado como no caso do confisco da poupança ou dos crescentes e escorchantes impostos pagos pelo contribuinte.

O Judiciário funciona bem para quem não tem direito, e mal para quem o tem. A ausência destes direitos interfere na qualidade de vida do cidadão no seu dia-a-dia. Tudo isto é ignorado pela democracia schumpeteriana, pois esta, repita-se, preocupa-se em saber se a competição eleitoral está estabelecida.

O CONTROLE CIVIL SOBRE OS MILITARES EM PRZEWORSKI, MAINWARING E O'DONNELL

Um dos mais entusiastas defensores da concepção schumpeteriana é Adam Przeworski. É sua reação àqueles que querem lançar mão de aspectos normativos desejados na política como igualdade, justiça, dignidade, representação, acountabilidade, segurança etc. Contra esta profusão normativa, ele adotou o estrito conceito de democracia como competição entre elites. Conceito no qual, obviamente, não há espaço para ideais normativos. Ambas as perspectivas são incompletas. Opto pela que se julga menos peremptória. Por isto, considero a concepção schumpeteriana como necessária mas não suficiente para se definir um regime como sendo democrático. Afinal, eleições livres e justas podem levar ao poder racistas, fascistas ou separatistas (Zakaria, 2003).

Se não, vejamos, Przeworski e seus colaboradores fizeram um importante estudo procurando estabelecer uma relação entre democracia e desenvolvimento (Przeworski et alii, 2000).

Neste estudo, contudo, as armadilhas da concepção schumpeteriana saltam aos olhos. Democracia é definida "como um regime no qual aqueles que governam são selecionados através de eleições competitivas" (ibid., p. 15) e ditadura é tratada como uma categoria residual que poderia ser denominada de "não democracia" (ibid., p. 18).

Trata-se de uma mudança de posição de Przeworski. Anteriormente, por não possuir uma visão dicotômica sobre democracia, aceitou o uso do qualificativo tutelado para definir um típico específico de democracia. Para ele, democracia tutelada são os

> regimes em que as Forças Armadas desvencilham-se do exercício direto do governo e se retiram para os quartéis, mas o fazem em boa ordem e prontas para qualquer eventualidade. Apesar das eleições e dos representantes eleitos, as Forças Armadas, em tais regimes, continuam a pairar como sombras ameaçadoras, prontas a cair sobre qualquer um de nós que vá longe demais na ameaça a seus valores e interesses (Przeworski, 1984).

Esta definição de democracia tutelada, que é um oxímoro, encaixa-se como uma luva na atual realidade brasileira. Embora a competição eleitoral no Brasil venha se aprimorando, as Forças Armadas continuam a constranger os líderes políticos quando eles decidem ameaçar os interesses castrenses. Exemplos disto serão dados nos próximos capítulos.

Ao mudar de opinião, a nova posição dicotômica fez com que Przeworski e colaboradores chegassem a conclusão de que o Brasil durante o governo do general João Baptista Figueiredo (1979-1984) fosse considerado uma democracia (ibid., p. 64).[25] Curiosamente, este achado viola a definição deles de democracia, pois neste caso, as eleições não eram competitivas, pois o general-presidente foi uma escolha pessoal de seu antecessor, o general Ernesto Geisel. O nome de Figueiredo, como se sabe, foi ratificado por um colégio eleitoral sem autonomia própria, ou seja, incapaz, naquele momento, de afrontar o desejo da cúpula militar.

Este tipo de erro demonstra não a inutilidade da concepção subminimalista de democracia, mas sua deficiência. Mainwaring et alii (2001) trataram de polir este conceito. Usaram o artifício de chamar a concepção de Przeworski de subminimalista, pois minimalista seria a deles oriunda da definição de Sartori, a saber:

> uma definição é mínima quando todas as propriedades ou características de um ser que não são indispensáveis para sua identificação são apresentadas como propriedades variáveis, hipotéticas — não como propriedades definidoras. Isso equivale a dizer que tudo o que ultrapassa uma caracterização mínima é deixado à verificação — não é declarado verdadeiro por definição.[26]

A definição de Sartori é tautológica, pois a discussão termina por recair sobre quais são os critérios indispensáveis para se definir um regime como sendo democrático. Para Mainwaring, o conceito minimalista procedimental não se restringe a um simples método de escolha de governantes. Mainwaring não

[25]Por sua vez, Boix (2003) considera democrático o período entre 1979-1994. Provavelmente, um erro de impressão. Creio que ele se referisse ao mesmo período de Przeworski: 1979-1984.

[26]Citado por Mainwaring et alii (2001).

incorpora todas as características possíveis para a existência de uma democracia, pois sua concepção é mínima. Almeja congregar somente os atributos considerados essenciais para a definição de democracia. O próximo passo é definir o que é necessário e o que é suficiente para uma definição de democracia. Com certeza um avanço teórico, mas com outros tipos de limitações como, posteriormente, veremos.

O primeiro grande mérito de Mainwaring foi ter abandonado a concepção dicotômica de Przeworski pela tricotômica. Mainwaring divide os regimes em democráticos, semidemocráticos e autoritários. Ditadura, portanto, deixa de ser um conceito residual. Como a realidade é mais complexa, para ele há uma zona cinzenta na qual sistemas políticos mostram-se híbridos. Ou seja, apresentam características democráticas e autoritárias. Mainwaring chamou isto de regimes semidemocráticos/semi-autoritários. Não fez uma distinção conceitual clara entre semidemocracia e semi-autoritarismo. Usa-os como se fossem sinônimos.

Ottaway (2003) preencheu esta lacuna ao definir o que são regimes semi-autoritários. Para ela, "são sistemas ambíguos que combinam uma retórica de aceitação da democracia liberal, a existência de algumas instituições democráticas formais, e respeito por uma esfera limitada de liberdades civis e políticas com traços essencialmente iliberais e até mesmo autoritários". A diferença em relação a sistemas semidemocráticos surge ao enfatizar que "(...) sistemas semi-autoritários não são democracias imperfeitas lutando para melhorarem e se consolidarem, mas regimes determinados a manterem a aparência de democracia sem se expor aos riscos políticos que a livre competição acarreta". Ou seja, o hibridismo no semi-autoritarismo é algo deliberado em vez de temporário.

O semi-autoritarismo seria uma situação estável, sob o ponto de vista da elite política, pois não haveria motivos para se esperar que os atores abandonassem suas posições originais. Seja rumo a uma plena democracia ou pleno autoritarismo. O que vem a ser estável é motivo de controvérsia. Vide o caso do Egito de Hosni Mubarak. Considerado como exemplo de semi-autoritarismo por Ottaway, Mubarak, após cerca de vinte e cinco anos no poder, surpreendeu ao propor ao Parlamento egípcio, em fevereiro de 2005, uma emenda constitucional histórica. Pela mesma, o próximo presidente seria eleito em eleições pluralistas pelo voto direto.

Para Ottaway (2003) semidemocracias seriam democracias imperfeitas, mas que lenta e gradualmente chegarão a ser, um dia, sólidas democracias. Contudo, ao não se estipular o tempo necessário para que isto ocorra, o argumento torna-se teleológico.

A diferenciação dicotômica — democracia ou autoritarismo — é feita pelos que analisam os países sob o critério do processo de mudança. Há, todavia, uma outra corrente, que enfatiza as características do regime ressaltando as ambigüidades dos mesmos. Neste caso, adiciona-se um epíteto à palavra democracia: semi, formal, tutelada, guardiã, eleitoral, iliberal etc. (Ottaway, 2003).

Para mim, o importante é que tanto o conceito de semidemocracia como o de semi-autoritarismo aponta para a existência de um regime híbrido, ou seja, aquele que permite a coexistência de traços democráticos e autoritários. O caso brasileiro aproxima-se mais de uma semidemocracia pois não encontro um projeto deliberado das elites políticas de manterem este hibridismo indefinidamente. Como é o caso do semi-autoritarismo. O hibridismo existente é muito mais fruto das circunstâncias políticas existentes.

No entanto, reconheço que o fato desta situação já perdurar por cerca de vinte anos, e não haver indícios de mudança, embora tenha havido rotação partidária no poder político, depõe contra a circunstancialidade do argumento. Poder-se-ia argumentar que existe uma situação de equilíbrio em torno da manutenção deste hibridismo. Equilíbrio no sentido de nem civis nem militares estarem interessados em mudar substancialmente esta situação. Se isto for verdade, então: 1) ou existiria um projeto de poder, e neste caso haveria o semi-autoritarismo ou 2) as circunstâncias políticas se conservariam tão similares, com o passar do tempo, que a natureza das instituições coercitivas não seriam alteradas. E, deste modo, o hibridismo se mantém mesmo sem um projeto político deliberado para sua manutenção.

A definição tricotômica minimalista de Mainwaring é bem mais ampla que a de Przeworski. Em vez de apenas focar em competição eleitoral, Mainwaring define como democrático um regime: a) que promove eleições competitivas livres e limpas para o Legislativo e Executivo; b) que pressupõe uma cidadania adulta abrangente;[27] c) que protege as liberdade civis e os direitos políticos; d) no qual os governos eleitos de fato governam e os militares estão sob controle civil.

Os dois primeiros itens bem se encaixam na concepção subminimalista. O diferencial da definição minimalista de Mainwaring reside na introdução das liberdades (direitos) civis

[27]O governo civil pós-1985 aumentou a inclusão política ao conceder o direito de voto ao analfabeto e a jovens a partir dos 16 anos.

e na exigência do controle civil democrático sobre os militares. Este é o seu grande mérito.

Com a definição de Mainwaring é possível mostrar a limitação da democracia brasileira no que tange aos direitos civis e políticos. Nosso país tem como presidente do Superior Tribunal Federal (STF), o ex-ministro da Justiça e ex-constituinte Nelson Jobim. Este não teve pejo em confessar que durante a elaboração da Constituição de 1988 introduziu no texto constitucional dois artigos sem o conhecimento dos constituintes (Medeiros, 2003). Chegou a revelar o teor de um destes artigos, mas calou-se sobre o segundo.[28] Como se estivesse acima da lei. Uma das funções do STF é a de impedir a violação da Constituição, no entanto seu presidente...

Ou o que dizer do ex-procurador-geral da República, Geraldo Brindeiro,[29] reconduzido ao cargo por FHC. Brindeiro ficou conhecido nas hostes políticas como o "engavetador" geral da União. Luiz Inácio Lula da Silva, na qualidade de candidato à Presidência, foi mais além. Declarou que Brindeiro era o "maior arquivador de processos de corrupção no país".[30]

O cidadão comum não teve o direito a uma averiguação pública sobre o comportamento de Jobim e Brindeiro nem sobre as denúncias de Lula. Uma total ausência de acountabilidade. Os três poderes (Executivo, Legislativo e Judiciá-

[28]Alguns advogados solicitaram ao Conselho Federal da Ordem dos Advogados do Brasil (OAB) que pedisse, na Justiça, o *impeachment* de Jobim. A iniciativa não prosperou e continuamos sem saber o teor do segundo artigo introduzido por Jobim, de comum acordo com Ulysses Guimarães, no texto constitucional.

[29]Brindeiro foi indicado para o cargo pelo então vice-presidente da República, Marco Maciel.

[30]"Lula diz que nunca foi tão fácil se eleger", *Jornal do Brasil*, 30 de junho de 2002.

rio) silenciaram sobre o tema. Uma concepção dicotômica de democracia não captura flagrante violação ao Estado de Direito.

Idem para o ocorrido em maio de 2001. Nesta data, o Congresso Nacional aprovou a instauração de uma CPI para apurar a ocorrência de fatos de corrupção na esfera do Poder Executivo federal. Em seguida, vários dos signatários se retrataram. Segundo a mídia impressa, isto ocorreu por conta da concessão de favores especiais conferidos pelo governo. Por exemplo, liberação de verbas orçamentárias para aplicação de recursos públicos em seus redutos eleitorais.

Um grupo de professores de Direito apresentou ao presidente da Câmara uma denúncia por crime de responsabilidade contra FHC. O fundamento era o art. 6º, segunda alínea, da Lei n. 1.079, de 1950, que trata sobre suborno de parlamentares. O presidente da Câmara mandou arquivar o requerimento. Os autores recorreram ao plenário da Câmara. Em vão: o requerimento não foi despachado. O mandato do presidente terminou sem que a Câmara de Deputados tomasse uma decisão sobre a denúncia (Comparato, 2004).

Outro ponto levantado por Mainwaring é tema central deste trabalho. A relação entre democracia e controle civil sobre os militares.[31] A importância de existir o controle civil sobre os militares reside no fato de se garantir aos governantes eleitos a efetiva capacidade de governar. Przeworski et alii (2000), contudo, rechaçam este critério. Para eles, as classifi-

[31]Para Zaverucha (2000), controle civil "trata-se da capacidade de as autoridades constituídas (Executivo, Legislativo e Judiciário) e a sociedade civil organizada (sindicatos, associações, imprensa etc.) limitarem o comportamento autônomo das Forças Armadas, eliminando, por conseguinte, enclaves autoritários dentro do aparelho de Estado".

cações dos regimes não devem basear-se em juízos sobre o exercício real do poder. Chegam a afirmar que

> em algumas democracias (de que Honduras e Tailândia são protótipos), o governo civil não é mais que uma delgada camada encobrindo o poder militar que é, de fato, exercido por generais reformados. Mas enquanto os governantes forem eleitos em eleições nas quais outros grupos tenham a chance de vencer e enquanto não usarem o poder dos seus cargos para eliminar a oposição, o fato de o chefe do Executivo ser um general ou um serviçal de general não acrescenta nenhuma informação relevante.

Contudo, o próprio Przeworski (1999:49) escreveu que "o milagre da democracia é que forças políticas em conflito obedecem aos resultados das eleições. Pessoas que possuem armas obedecem às que não tem...". Ora, nos países anteriormente mencionados, os militares não obedecem regularmente ao poder civil eleito...

Outro exemplo. Na Guatemala, o presidente Cerezo chegou ao poder em 1985, por meio de eleições limpas. No entanto, em 1987, ele admitiu que ao assumir o poder os militares cortaram-lhe dois terços de seus poderes constitucionais (Mainwaring et alii, 2001). Se Tailândia e Honduras são considerados democráticos, com certeza, para eles, o Brasil, onde o poder militar é muito mais dissimulado, também seria exemplo de democracia. O conceito de democracia tutelada então utilizado por Przeworski (1984) e adotado por Zaverucha (1994, 2000) seria um mero exagero conceitual.

Embora Mainwaring (2001) tenha chamado a atenção para a relevância do controle civil sobre o militar, tanto ele quanto

Przeworski pecam ao analisar a política brasileira em dois momentos de seus artigos. Ambos definem como democracia os períodos entre 1946-63 e 1985-89.

Conviria desagregar tais períodos. Sem entrar no mérito do período 1946-1960, detenho-me em 1961. Com a renúncia do presidente Jânio Quadros, as regras do jogo apontavam para a assunção do vice-presidente João Goulart. Os militares, todavia, se dividiram, entre os que apoiavam a sucessão e os que queriam impedi-la com um golpe de Estado. Solução encontrada: criação do parlamentarismo. Goulart ficou com uma presidência enfraquecida. Uma solução no mínimo semidemocrática. Seria como se, hipoteticamente, o presidente George W. Bush falecesse e o vice-presidente Dick Cheney não pudesse substituí-lo com todos os poderes de seu antecessor.

Passemos ao período 1985-89. O Colégio Eleitoral autoritariamente criado pelo regime militar elege Tancredo Neves o novo presidente do Brasil, tendo José Sarney como vice, ao derrotar Paulo Maluf. Eleições presidenciais diretas, só em 1990 com a vitória de Collor. Em contato com Mainwaring, argumentou que caso a vitória fosse de Maluf diria que o regime não poderia ser considerado democrático. Mas como foi a oposição quem ganhou em um Colégio Eleitoral criado com o fito de favorecer o regime militar, ele optou por definir como democrática a vitória de Tancredo/Sarney. Convém não esquecer que Sarney abandonou o partido que dava sustentação aos militares no Congresso Nacional, seis dias antes de se filiar ao PMDB. Ademais, nem Tancredo nem Sarney foram eleitos em competições livres, o que viola um dos pressupostos, do próprio Mainwaring, para definir um regime político como sendo democrático.

Também discordo da comparação que Mainwaring faz entre o Colégio Eleitoral brasileiro com o de outros países. O brasileiro foi uma criação do regime autoritário. Já o colégio eleitoral dos EUA até os dias de hoje, da Argentina até 1994, do Chile entre 1932-1973, e o da Bolívia de 1982 em diante, não tem sua legitimidade contestada.

Melhor seria uma comparação com as *Cortes* franquistas que, também, elegeram indiretamente Adolfo Suárez. Este, tal como Sarney, era cria do regime autoritário. Só que Suárez atento à ilegitimidade democrática de sua eleição indireta, portou-se como um governante interino. Tratou logo de convocar eleições diretas, das quais saiu vitorioso. Tancredo, ao contrário, anunciou que governaria por um mandato que nada tinha de interino — quatro anos. Sarney foi além e ficou por cinco anos. Inclusive, repita-se, usou da constrangedora pressão militar para conseguir a aprovação no Congresso Nacional do quinto ano de governo

Discordo de Mainwaring também por outro motivo. Com a morte de Tancredo, instalou-se a dúvida: quem deveria sucedê-lo? O vice de Tancredo, José Sarney ou o presidente da Câmara de Deputados, Ulysses Guimarães.[32] O que seria uma bela discussão jurídica foi resolvido *manu militari*: o poder institucional cedeu ao poder da força bruta. As Forças Armadas vetaram o nome de Ulysses por não ser considerado confiável aos seus interesses. O veto foi aceito pela elite civil receosa que ocorresse um retrocesso institucional.

O nome de Sarney foi a solução pacificadora e Ulysses aclamado como um homem que pensou antes no país do que em

[32]O presidente em exercício general João Figueiredo achou que seu sucessor deveria ser Ulysses, pois Tancredo não fora empossado.

si. Versão negada pelo próprio Ulysses. Ele mesmo declarou: "Eu não fui 'bonzinho' coisa nenhuma. Segui as instruções de meus juristas. O meu 'Pontes de Miranda' estava lá fardado e com a espada me cutucando que quem tinha de assumir era o Sarney" (Costa, 1997). O "Pontes de Miranda" a que se referia era o ministro do Exército, general Leônidas Gonçalves.

O coronel Jarbas Passarinho comentando a posse de Getúlio Vargas, em seu segundo governo, afirmou: "Os militares garantiram-lhe a posse, como o general Leônidas Pires Gonçalves garantiu a do presidente Sarney" (Passarinho, 2002). Por duas vezes, Passarinho usou a palavra garantir. No sentido de lembrar onde está o poder de fato e quem são os árbitros nos momentos decisivos. A mensagem é clara: tanto na década de 1950 como na de 1980 os militares continuam sendo os garantes do poder civil.[33]

A Nova República, portanto, nasceu sob a garantia dos militares. Eles são seus fiadores. Convém não menosprezar isto. Durante a feitura da primeira versão da futura Constituição de 1988, alguns constituintes se esqueceram disto. Retiraram das Forças Armadas o papel de garantidores da lei e da ordem. Imediatamente, o mesmo general Leônidas ameaçou simplesmente zerar o processo constituinte (Zaverucha, 2000). Ante a ameaça do uso da espada de Dâmocles, os constituintes atenderam ao "pedido" do general. Assim sendo, a Constituição de 1988 manteve o papel das Forças Armadas como garantidoras da lei e da ordem.

[33]Embora não seja escopo temporal deste livro, lembro as negociações entre o general Leônidas Gonçalves e o candidato Lula à presidência da República. Sob o patrocínio de Sarney, garantiu-se o apoio castrense a sua candidatura. Entre os termos da negociação estava a manutenção de enclaves autoritários deixados por FHC.

São os próprios militares que definem quando a lei e a ordem são violadas, não importando a opinião do presidente da República ou do Congresso Nacional. Cabe, portanto, às Forças Armadas o poder soberano e constitucional de suspender a validade do ordenamento jurídico. Como diria Agamben (2002), "o soberano, tendo o poder legal de suspender a lei, coloca-se legalmente fora da lei". O soberano, neste caso, são as Forças Armadas. Um detalhe: esta situação perdurou no governo FHC e não há sinal de que venha a ser alterada no governo Lula. Mesmo assim, em trabalho posterior Mainwaring & Pérez-Liñán (2003), definiram a democracia brasileira como sendo robusta tal como as do Chile, Costa Rica, México e Uruguai.

O conceito subminimalista de Przeworski também entra em choque com a visão de O'Donnell (2001) sobre democracia. Para O'Donnell, a acountabilidade horizontal[34] só pode bem funcionar em um Estado de Direito. Segundo Przeworski, este conceito pouco acrescenta por dois motivos: 1) é sinônimo de pesos e contrapesos (*checks & balances*); 2) o conceito de segurança jurídica é secundário.

Enquanto O'Donnell chama a atenção para a especificidade das democracias latino-americanas, Przeworski acusa-o de praticar a cultura do lamento. Procura demonstrar isto contando os pontos de veto e instituições que são controladas diretamente pelo Executivo. O argumento de Przeworski pro-

[34]O'Donnell (2001:87): ["A *accountability* horizontal consiste em: la existencia de agencias estatales que tienen autoridad legal y están tacticamente dispuestas y capacitadas para emprender acciones que van desde el control rutinario hasta sanciones legales incluso *impeachment*, en relación con actos u omisiones de otros agentes o agencias del estado que pueden, en principio o presuntamente, ser calificadas como ilícitas".

cede somente sob o ponto de vista formal. Embora as atribuições destas instituições estejam especificadas em leis ordinárias ou em textos constitucionais, na prática muitas delas não funcionam. E não funcionam porque são cooptadas, anuladas ou esvaziadas pelo próprio Executivo.

O'Donnell contra-ataca e chama de mecânica esta visão de Przeworski. De fato, sob o ponto de vista formal, a Constituição Federal de 1988, por exemplo, deve conter mais exemplos de acountabilidade horizontal do que muitos países europeus. Contudo o país real é diferente do país formal. Teoricamente o trabalho da polícia é prevenir o delito e o do juiz aplicar a lei. Contudo, muitos policiais e juízes vivem protegendo delinqüentes e/ou cometendo delitos. Como diz o ditado popular, "na prática a teoria é outra".

Se o conceito dicotômico de democracia de Przeworski é problemático, isto irá refletir-se na sua análise sobre consolidação democrática. Para ele, uma democracia torna-se consolidada quando a possibilidade de sua morte declina com os anos, após ter ultrapassado a "taxa do perigo de retrocesso". Ou seja, a democracia se torna um hábito. Observação consistente com a de Dahl (1989), que ressaltou a raridade do fim de democracias que "existiram por vinte ou mais anos".

Contudo, como lembrou Alexander (2002), duas das mais duradouras democracias latino-americanas, Chile e Uruguai, entraram em colapso em 1973. Mais do que tempo de democracia, argumenta Alexander, compromisso com a democracia se desenvolve em condições de baixo risco político ou de previsibilidade política na democracia.

O caso mais recente é da Venezuela, considerada por muitos, até 1992, como uma democracia consolidada. Neste ano, o líder golpista, Hugo Chávez, por pouco não derrubou o presidente constitucional. Chávez chegou ao poder, posteriormente, pelo voto popular. Ao votar nele, os venezuelanos demonstraram mais preocupação com a resolução de seus problemas materiais do que com a democracia. Tanto é que Chávez costuma comemorar publicamente, em companhia do vice-presidente, outro ex-golpista, o aniversário do fracassado golpe por ele liderado em 1992.

Pelo discutido anteriormente, fica evidente que o caso brasileiro habita uma zona cinzenta híbrida entre a plena democracia e o pleno autoritarismo. Uma semidemocracia, na ausência de termo mais adequado. O foco deste livro será nas instituições coercitivas armadas: Forças Armadas e Polícia, nesta ordem. O estudo destas instituições é particularmente sensível. Tais instituições criadas, a princípio, para proteger a *polis* terminam sendo perigosa fonte de poder para esta mesma *polis* (Feaver, 1999).

A promoção do controle civil sobre os militares será analisada tanto sob o ponto de vista do agente como das condições políticas existentes. De nada adianta haver comandantes militares simpáticos a tal controle, se não há suficiente vontade para avançar tal controle, dado o quadro político existente. Afinal, as mudanças principais devem passar pelo texto constitucional, e o Congresso, embora já tenha emendado a Constituição de 1988 quase meia centena de vezes, ainda não fez mudanças significativas nas relações civis-militares.

Por isso mesmo, não será aqui adotada a visão dicotômica golpe e não-golpe. Isto porque adotá-la seria perder uma série de nuances sobre a influência militar nos bastidores da política. Forças Armadas podem não dar golpe, não necessariamente por que a democracia está consolidada. Mas, o seu reverso. Ela é tão frágil que aceita as imposições castrenses com receio da queda da democracia. As Forças Armadas pairariam como sombras ameaçadoras. Seria o caso dos militares moldarem parte do governo sem diretamente controlá-lo. O que Nordlinger (1977) define como pretorianismo moderado. Isto é, os civis podem governar, mas o governo é supervisionado pelos militares nos assuntos que lhes interessa. Os militares são um poderoso grupo de pressão que exercem um poder de veto, em determinadas áreas, sobre as autoridades políticas, sem almejar, todavia, tomar diretamente o poder.

2

A Constituição Brasileira de 1988 e a permanência de seu legado autoritário

Caso queira julgar se um estado é democrático ou não baseado em uma única característica, um excelente guia é verificar se a polícia se reporta aos militares ou às autoridades civis.

Charles Tilly[1]

FIM DO REGIME AUTORITÁRIO

Entre 1964 e 1985, o Brasil experimentou o mais longo regime militar de sua história. O regime autoritário editou a Constituição de 1967 e emendou-a em 1969, predominando uma visão estatal e com ela a Doutrina de Segurança Nacional. Em 1988, como parte da transição negociada do autoritarismo para a democracia, um Congresso Nacional Constituinte, diferentemente de uma Assembléia Nacional Constituinte, redigiu uma nova Constituição que ficou conhecida pelo apelido de "Constituição Cidadã". De fato, a palavra "direitos" aparece com muito mais freqüência no texto constitucional do

[1] Retirado de Pereira e Ungar (2004:267).

que a palavra "obrigações". A nova Constituição estipula o direito do cidadão ao trabalho, o direito de possuir um salário decente, o direito à educação, o direito à previdência social, o direito à licença materna e paterna, o direito dos índios de possuírem terra etc.

Embora muitos temas da Constituição tenham recebido um tratamento progressista, este não foi o caso das relações civis-militares.[2] A Constituição manteve muitas prerrogativas militares não-democráticas existentes na constituição autoritária passada e chegou a adicionar novas prerrogativas. No Brasil de 1988, os políticos optaram por não questionar devidamente o legado autoritário do regime militar. Vários intelectuais tomaram o mesmo rumo. Souza & Lamounier (1990), por exemplo, escreveram um artigo sobre a feitura da nova Constituição, mas ignoraram a temática das relações civil-militares e policiais. Como se militares e policiais não fizessem parte da cultura política brasileira. A forte presença militar no texto constitucional foi, também, praticamente, ocultada por de Carvalho (2003).

E mais: civis, ao formalizarem as prerrogativas militares constitucionalmente, deram aos amplos poderes dos militares um verniz democrático. Em termos procedurais, o processo de redação da Constituição foi democrático. Contudo, a essência do resultado não o foi. Não há com isto a intenção de invalidar a definição da democracia em termos de procedimentos, mas a de chamar atenção para as limitações de uma concepção subminimalista do tipo schumpeteriano. Afinal, repita-se, a democracia subminimalista é condição necessária,

[2]Bem como os temas da propriedade da terra e dos meios de comunicação.

mas não suficiente para se dizer que um país possui uma plena democracia.

Este trabalho tem três grandes objetivos: a) discutir o paradoxo de certas cláusulas constitucionais terem sido escritas de acordo com os procedimentos democráticos, mas que resultaram, todavia, em conteúdos pouco liberais; b) mostrar que tais cláusulas constitucionais tornam impossível a consolidação de relações civis-militares democráticas;[3] c) questionar os motivos da inexistência de tentativas *regulares* de mudança destas cláusulas constitucionais.

A TRANSIÇÃO PARA O GOVERNO CIVIL

No dia 31 de março de 1964, as Forças Armadas derrubaram o presidente eleito João Goulart. Antes de 1964, os militares intervinham em favor de determinado grupo civil que instrumentalizava o poder castrense para derrotar outros civis. Intervenções militares pré-1964 têm sido descritas sob a perspectiva funcionalista. Stepan (1971), por exemplo, argumenta que os militares exerceram o papel de "poder moderador". A função das Forças Armadas era a de restabelecer a lei e a ordem e, posteriormente, devolver as rédeas do governo aos

[3]Não é fácil definir operacionalizar e identificar quando uma democracia está "consolidada". O Chile em 1973, até momentos antes do golpe de Pinochet, era considerado uma democracia consolidada. O caso mais recente é o da Venezuela, país modelo de democracia estável até 1992, quando por duas vezes consecutivas os militares tentaram derrubar o presidente Pérez. Schneider (1995) sugeriu que o melhor meio de contornar os problemas de definição e medida é desagregar o conceito de democracia. E focar a análise nas partes que compõem a democracia em vez de conjecturar sobre se o sistema como um todo está consolidado.

políticos. Na verdade, os militares brasileiros usaram cada uma de suas "intervenções moderadoras" para coletar informações sobre o comportamento dos civis e para construir sua própria alternativa política.

Em 1964, este padrão intervencionista alterou-se. Civis imaginaram que os militares, mais uma vez, fariam uma intervenção cirúrgica, restabeleceriam a ordem e voltariam para os quartéis. Foram surpreendidos. As Forças Armadas não apenas deixaram de retornar aos quartéis como terminaram permanecendo no governo por 21 anos, um recorde na história brasileira.

Com o passar do tempo, os políticos aprenderam que o preço pela proteção castrense ante a ameaça esquerdista tornou-se elevado, pois os militares se recusaram a devolver a condução dos destinos do país aos civis. Por sua vez, os empresários também aprenderam que o golpe serviu aos interesses do capitalismo e não necessariamente aos interesses dos capitalistas (Zaverucha, 1994). Possuidores de uma visão estado-centrista, os militares criaram várias empresas estatais que passaram a competir no mercado com empresas privadas. De aliados, os militares tornaram-se rivais de alguns empresários.

A perda de aliados no campo civil, a derrota da subversão e as rivalidades militares intestinas entre os "profissionais" e a "comunidade de inteligência" levaram o presidente general Ernesto Geisel a optar, a partir de 1974, por uma abertura lenta, gradual, segura e extremamente prolongada.[4] A saída dos militares portugueses do governo iniciou-se aproximada-

[4]Teixeira (2001) argumenta convincentemente que não houve uma abertura por contenção, mas uma contenção da abertura. Ou seja, o projeto de distensão geiselista foi efetivado para garantir a continuidade da ingerência militar na política brasileira, mesmo após o fim do regime de exceção.

mente no mesmo período — 1974 (Graham, 1995). Enquanto Portugal terminou por estabelecer um controle civil democrático sobre os militares, o Brasil ainda não conseguiu.

O fato é que Sarney foi eleito presidente somente em 1985, e mesmo assim, pela via indireta. O governo Sarney, que deveria ser interino, demorou um mandato inteiro, ou seja, cinco anos. Portanto, da abertura de Geisel à assunção de Sarney decorreram onze anos e mais cinco de Sarney a Collor, este, finalmente, eleito presidente pelo voto popular. A transição equatoriana era até então considerada a mais prolongada devido ao fato do presidente Roldós ter levado três anos para assumir a presidência, em 1979, após a deposição do general Rodríguez Lara por uma junta militar. Frise-se que a Emenda Constitucional n. 8, de 1977, fixou o mandato presidencial em seis anos. Tancredo Neves prometeu publicamente reduzir este prazo para quatro anos, ou seja, ele também não viu seu mandato como tendo o caráter de interinidade. O que Sarney fez foi, simplesmente, acrescentar um ano à decisão de Tancredo.[5]

Convém lembrar que os militares apoiaram a assunção de Sarney e vetaram o nome de Ulysses Guimarães para suceder Tancredo Neves.[6] Os militares também tiveram cacife político para negociar os termos de sua saída do governo. Em bom português: perderam a batalha, mas não a guerra. Alguns detalhes desta transação são conhecidos:

[5] Sobre governos interinos ver Shain & Linz (1995).

[6] Ulysses teria insultado os membros da Junta Militar; concorreu como anticandidato à presidência da República; e chamou o ex-presidente Geisel de "Idi Amin branco". Geisel foi o grande conselheiro militar de Tancredo. Portanto, Ulysses era nome inaceitável pela caserna. Os militares se vêem como fiadores da Nova República.

a) Tancredo Neves negociou com os militares sua candidatura. Paulo Maluf, candidato presidencial derrotado por Tancredo no Colégio Eleitoral, confirmou a existência de um acordo secreto entre Tancredo e o então ministro do Exército, general Walter Pires sobre a transição;[7]

b) Os militares vetaram uma Assembléia Nacional Constituinte como órgão responsável pela elaboração da nova Constituição. Receosos de perderem o controle das futuras decisões, somente aceitaram um Congresso Constituinte, composto pelos membros eleitos para o existente congresso, conforme confidenciou o então senador Fernando Henrique Cardoso, em uma reunião pública. FHC, posteriormente, negou em nota escrita tal informação. O jornalista Marcelo Beraba, todavia, tinha gravado o discurso de Cardoso e publicou a transcrição confirmando a informação anterior.[8] Um argumento recorrente no Brasil é o de que a preguiçosa transição brasileira deveu-se ao fato de a Constituição ter sido escrita por um Congresso Constituinte em vez de uma "pura" Assembléia Nacional Constituinte. Esta explicação não procede. Na Espanha, o processo de redação constitucional foi ainda mais elitista que no Brasil. O processo iniciou-se com uma comissão que, para evitar pressão pública, trabalhou sigilosamente. Finda a versão inicial, ela foi trazida para o plenário do congresso e depois votada. Na Grécia, o processo constitucional foi semelhante ao espanhol. Espanha e Grécia, no entanto, estabeleceram controle civil sobre os militares, mas o Brasil não;

[7] *O Estado de S. Paulo*, 9 de julho de 1989.
[8] *Folha de S. Paulo*, 21 de maio de 1990.

c) Nenhum militar seria julgado por supostos abusos de direitos humanos, em contraste com o que havia acontecido na Argentina de Raúl Alfonsín.

UMA NOVA CONSTITUIÇÃO É PROMULGADA

Em 5 de outubro de 1988, uma nova Constituição foi promulgada contendo 245 artigos, uma das mais longas constituições do mundo. Foram 2.084 disposições entre artigos, alíneas, parágrafos e incisos. A Constituição de 1891 teve 351 disposições, a de 1934, 836 e a de 1946, 931 (Cruvinel, 1997).

A nova Constituição descentralizou poderes e estipulou importantes benefícios sociais similares às democracias mais avançadas. No entanto, uma parte da Constituição permaneceu praticamente idêntica à Constituição autoritária de 1967 e sua emenda de 1969. Refiro-me às cláusulas relacionadas com as forças armadas, polícias militares estaduais, sistema judiciário militar e de segurança pública em geral.

As Forças Armadas brasileiras entenderam tão competentemente a importância das restrições legais que nomearam 13 oficiais superiores para fazerem lobby pelos interesses militares ante os constituintes. Este lobby era muito bem organizado chegando a levar os congressistas para visitas a instalações militares em todo o país (Stepan, 1988).

O trabalho de redação da Constituição foi dividido em oito grandes comissões e várias subcomissões, além da Comissão de Sistematização, criada para organizar os relatórios finais das oito comissões. O presidente desta comissão foi o deputado Bernardo Cabral, conhecido por seu trânsito nas hostes militares, e que viria a ser o ministro da Justiça do governo

Collor. A Comissão de Organização Eleitoral Partidária e Garantia das Instituições se encarregou dos capítulos ligados às Forças Armadas e à segurança pública. Era presidida pelo senador Jarbas Passarinho, coronel da reserva, que serviu como ministro nos governos dos generais Costa e Silva, Médici e Figueiredo. Foi um dos signatários, em 1968, do Ato Institucional n. 5 que fechou o Congresso inaugurando um dos períodos mais autoritários da história brasileira. Passarinho viria a substituir Cabral no cargo de ministro da Justiça do governo Collor.

A Subcomissão de Defesa do Estado, da Sociedade e de sua Segurança teve como porta-voz o deputado Ricardo Fiúza, um dos líderes da coalizão conservadora da Constituinte popularmente conhecida por "centrão". Fiúza também serviria ao governo Collor. Durante a campanha pelo impeachment, Fiúza tornou-se um dos mais fortes ministros e encarregou-se pessoalmente de cooptar congressistas em troca de benesses materiais do Estado. Fiúza, posteriormente, teria se envolvido no escândalo do orçamento, mas o Congresso não conseguiu maioria suficiente para cassar seu mandato de deputado federal.

Fiúza confessou que seus conhecimentos sobre assuntos militares eram similares ao seu entendimento sobre mecânica de automóveis: nenhum.[9] Não obstante, apoiou firmemente as demandas militares nos debates constitucionais. Por exemplo, Fiúza rejeitou a tentativa de alguns congressistas de criar o Ministério da Defesa.

Fiúza também trabalhou contra a tentativa de se dar fim ao controle do Exército sobre as Polícias Militares Estaduais.

[9] *Veja*, 4 de abril de 1980.

Em vez de separar as forças responsáveis pela ordem interna da responsável pela ordem externa, bem como de fazer valer o preceito de que, em tempo de paz, as tropas militares federais são forças de reserva das Polícias Militares e em tempo de guerra, o inverso, Fiúza optou por favorecer a autonomia das Forças Armadas. Ou seja, manteve o controle parcial do Exército sobre as PMs, alegando que o governo necessitaria de todas as suas forças para controlar contestadores da ordem social.[10] Tal situação faz com que o Brasil se diferencie de outros países democráticos que possuem polícias militares. Neles, tais polícias são controladas pelo Ministério do Interior, da Justiça ou da Defesa. Contudo, não são forças auxiliares do Exército, mas de reserva.

A subcomissão presidida por Fiúza organizou oito sessões públicas com uma agenda desequilibrada de convidados: cinco professores da Escola Superior de Guerra; cinco oficiais das Polícias Militares Estaduais; um oficial do Corpo de Bombeiros; quatro representantes do então Conselho de Segurança Nacional; dois generais da reserva; cinco representantes do Estado-Maior do Exército; três representantes da Polícia Federal; o presidente da Associação Nacional dos Comissários da Polícia Civil; o presidente da Ordem dos Advogados do Brasil e o diretor do Núcleo de Estudos Estratégicos da Universidade de Campinas. Portanto, dos 28 convidados, somente os três últimos apresentaram sugestões propondo mudanças nas relações entre civis e militares. A referida subcomissão pode alegar ter patrocinado debates, contudo, dada

[10]Congresso Brasileiro, Comissão de Organização Eleitoral e Partidária e Garantia das Instituições, Subcomissão de Defesa do Estado, *Relatório*, maio, 1987:29.

a natureza dos debatedores, um resultado pró-manutenção constitucional dos interesses militares era previsível.

Dentre as propostas desconsideradas pela referida subcomissão encontrava-se a abolição do Serviço Nacional de Informações (SNI) e suas extensões, as Divisões de Segurança Interna (DSI), que operavam dentro de ministérios, universidades e empresas estatais, e as Assessorias de Segurança Interna (ASI) usadas para identificar as pessoas consideradas politicamente inconfiáveis. Esta ampla rede de espionagem era apoiada pela Agência Central do SNI. O SNI foi criado no dia 13 de junho de 1964, logo após o golpe de 1964. Inicialmente, o seu diretor-geral deveria ser aprovado pelo Congresso (Baffa, 1995). No entanto, esta cláusula foi continuamente desrespeitada. A Constituição de 1988 nem restabeleceu o direito do Senado de aprovar o diretor-geral do SNI nem aprovou uma lei que explicitamente estabelecesse um controle congressual sobre as atividades dos diversos serviços de inteligência existentes no Brasil.[11] Só com a criação da Agência Brasileira de Inteligência (Abin), no governo FHC, é que o Senado readquiriu este direito.

[11]Em 1990, Collor aboliu o SNI, as DSIs e ASIs. Ao que tudo indica, parte das fichas do SNI foram transferidas paro o Centro de Inteligência do Exército. Collor criou a Secretaria de Assuntos Estratégicos dirigida por um civil. FHC, por sua vez, remilitarizou o tema da inteligência. Ele retirou da SAE a Subsecretaria de Inteligência entregando-a ao general Alberto Cardoso que era o chefe da Casa Militar da Presidência da República. Simultaneamente, FHC incumbiu o general Cardoso de preparar uma lei que criasse a Agência Brasileira de Inteligência (Abin). "Civilians lose the intelligence battle", *Brazil Report*, 2 de maio de 1996.

ARTIGOS CONSTITUCIONAIS NÃO-LIBERAIS (ILIBERAIS)

Apresento abaixo alguns artigos que são constitucionais, mas cujos conteúdos liberais deixam a desejar. O artifício é manter a formalidade da democracia, mas retira-se o seu conteúdo liberal.

Segundo Agamben (2002:19), "o soberano, tendo o poder legal de suspender a lei, coloca-se legalmente fora da lei". O artigo 142 diz que as Forças Armadas "destinam-se à defesa da Pátria, à garantia dos poderes constitucionais e, por iniciativa de qualquer destes, da lei e da ordem". Mas, logicamente, como é possível se submeter e garantir algo simultaneamente?

Lógica à parte, são os militares que têm o poder constitucional de *garantir* o funcionamento do Executivo, Legislativo e Judiciário, a lei e a ordem quando deveria ser o reverso. Ou seja, as Forças Armadas são baluartes da lei e da ordem definidas por elas mesmas não importando a opinião do presidente da República ou do Congresso Nacional. Portanto, cabe às Forças Armadas o poder soberano e constitucional de suspender a validade do ordenamento jurídico, colocando-se legalmente fora da lei.[12]

Em uma democracia, o poder não é deferido a quem tem força, mas, ao contrário, a força é colocada a serviço do poder. No Brasil, estabeleceu-se uma Constituição e foi entregue, precisamente, aos que são mais tentados a violá-la, a tarefa

[12]Tal como na constituição pinochetista. Com a diferença de que, recentemente, o Senado chileno aboliu tal cláusula constitucional sob o argumento de que a condição histórica que avalizou tal dispositivo não existe mais. Os sandinistas também conferiram às Forças Armadas o papel de garantidores da lei e da ordem.

de manter a sua supremacia (Zaffaroni, 1995). Ora, se os militares são *garantes*, terminam sendo, também, organizadores da vida política. As Forças Armadas deixam de ser meio para se transformar, quando necessário, em fim do Estado. Os constituintes usaram de um procedimento democrático para conferir às Forças Armadas um papel que pode tornar-se incompatível com os direitos liberais e com a vontade da maioria.[13]

Ordem não é um conceito neutro e sua definição operacional em todos os níveis do processo de tomada de decisão política envolve escolhas que refletem as estruturas política e ideológica dominantes. Portanto, a noção de (des)ordem envolve julgamentos ideológicos e está sujeita a estereótipos e preconceitos sobre a conduta (in)desejada de determinados indivíduos. Além do mais, tal artigo não especifica se a lei é constitucional ou ordinária.

O artigo 142 também não define se a ordem é política, social ou moral. O termo "ordem" é usado em vários sentidos na Carta Magna. No seu preâmbulo ("ordem interna e internacional"); no art. 5°, XLIV ("ordem constitucional"); no art. 34, III, e no *caput* dos arts. 136 e 144 ("ordem pública e social"); no *caput* do art. 170 ("ordem econômica") e no *caput* do art. 193 ("ordem social"). Deste modo, as Forças Armadas garantem a ordem constitucional, pública, política, social e econômica. Haja poder!

[13]Após o comício de Goulart na Central do Brasil, o chefe do Estado-Maior do Exército, general Castelo Branco, em 13 de março de 1964, escreveu um comunicado aos seus subordinados lembrando que "os meios militares nacionais e permanentes não são para propriamente defender programas de governo, muito menos a sua propaganda, mas para garantir os poderes constitucionais, o seu funcionamento e a aplicação da lei" (Neto, 2004:239).

A Constituição não define quem e quando é que a lei e ordem foram violadas. Na prática termina cabendo às Forças Armadas decidir quando houve violação da lei e da ordem. E quem as violou. E o que é mais grave: basta determinada ordem do Executivo ser considerada ofensiva à lei e à ordem, para que os militares possam constitucionalmente não respeitá-la. Mesmo sendo o presidente da República o comandante-em-chefe das Forças Armadas. Ou seja, a Constituição de 1988, tal como a anterior, tornou constitucional o golpe de Estado desde que liderado pelas Forças Armadas. Isto sim é falta de lei e ordem.

Há, deste modo, uma espada de Dâmocles fardada pairando sobre a cabeça dos poderes constitucionais. Tais poderes estão sendo constitucionalmente lembrados de que eles podem ir até onde as Forças Armadas acharem conveniente. Por conseguinte, repito, em vez de tais poderes garantirem o funcionamento das Forças Armadas, são elas, em última instância, que garantem o funcionamento dos referidos poderes. Afinal, elas são as guardiãs da Pátria e dos poderes constitucionais.

Alguns exemplos atestam o papel de guardiãs das Forças Armadas. Um dos mais importantes foi descrito pelo ex-presidente da Câmara de Deputados Ulysses Guimarães. Ele explicou, como vimos, por que não disputou com José Sarney o direito de substituir o presidente Tancredo Neves: a espada do general Leônidas.

O general Leônidas não ficou apenas nesta clarinada. Por exemplo, o coronel do Exército, Sebastião Ferreira Chaves, ex-secretário de Segurança Pública do governador paulista Abreu Sodré nos anos 1970, já naquela época constatou que a Polícia Militar agia com base na violência e a Polícia Civil perdera a capacidade de investigação. Diante disto, tentou convencer o deputado Ulysses Guimarães, então presidente do Congresso Nacional, a mudar o sistema policial na Constituição de 1988, sugerindo, dentre outras, a extinção das Polícias Militares. Ulysses disse a Chaves "que já não podia mudar nada porque tinha um compromisso com o general Leônidas" (Contreiras, 1998).

Na primeira versão do artigo 142 os militares perderam o papel de guardiães da lei e da ordem. Isto irritou tanto os militares, que o ministro do Exército, general Leônidas Pires Gonçalves, ameaçou zerar todo o processo de redação constitucional. Segundo Passarinho (2002), a esquerda "decidida a vingar-se da contra-revolução de 1964, empenhava-se em retirar das Forças Armadas a responsabilidade da ordem interna". Esqueceu o ex-ministro, que ordem interna em qualquer democracia, é competência da polícia. Tanto é que a Constituição de 1999 patrocinada por Hugo Chávez, no seu art. 328 concedeu às Forças Armadas o papel de manutenção da ordem interna!

Temerosos, os constituintes acharam por bem ceder. O papel de garantidores da lei e da ordem voltou a aparecer na nova versão do referido artigo. Para que tal capitulação ficasse dourada, o Congresso optou por conceder tanto ao Judiciário quanto ao Legislativo o direito de pedir a intervenção das Forças Armadas em assuntos domésticos. Ao não especificar que instância do Judiciário poderia convocar os militares, a Constituição nivelou os poderes do presidente do Supremo Tribunal Federal ao de um juiz iniciante em uma pequena cidade. Do mesmo modo, equiparou o presidente do Congresso a um parlamentar em seu primeiro mandato.

Em novembro de 1988, um juiz do terceiro distrito de Volta Redonda solicitou ao Exército que garantisse a execução do mandato de reintegração de posse da Companhia Siderúrgica Nacional. A ação castrense resultou na morte de três operários que se encontravam na searia da usina. Ante as críticas internas e externas à corporação militar, o Congresso aprovou em 23 de julho de 1991, a Lei Complementar n. 69. Tal lei restabeleceu a cláusula constitucional da Constituição de 1967/69 concedendo apenas ao Executivo o direito de pedir a intervenção militar interna. A novidade introduzida é que apenas os presidentes do Senado, Câmara de Deputados e STF podem pedir a intervenção militar, no entanto, o Executivo tem o direito de vetar qualquer pedido. Em outras palavras, o Executivo, tal como na Constituição de 1967/69, continua a ser o único poder constitucionalmente autorizado a enviar tropas para intervir em assuntos domésticos.

Uma mudança deveras importante foi introduzida pela Lei Complementar n. 69 através do artigo 8°, § 2°. Ali, ficou estabelecido que as Forças Armadas poderiam intervir em assuntos internos desde que as forças policiais se mostrassem incapazes de assegurar a paz social. Em outras palavras, as tropas militares federais são forças de reserva dos militares estaduais. Não obstante este avanço, esta cláusula foi violada pelos presidentes Itamar Franco e Fernando Henrique Cardoso.

Alguns exemplos. Em maio de 1993 e janeiro de 1994, tropas militares federais foram usadas na contenção de distúrbios na ponte Rio-Niterói. Em março de 1994, uma manifestação política, no Rio de Janeiro, contra os trinta anos do Movimento Militar de 1964 foi dispersa por tropas federais. Em maio de 1994, Itamar, mais uma vez, fez uso de tropas de elite do Exército, especialmente enviadas do Rio de Janeiro, na repressão da greve deflagrada por membros da Polícia Federal, em Brasília. Curiosamente, a Polícia Militar do Distrito Federal (PMDF) foi quem ficou na retaguarda do Exército, quando deveria ter sido o contrário.

Mais recentemente, em maio de 1995, FHC enviou tropas do Exército para acabar com uma greve de petroleiros e, mais uma vez, as forças policiais ficaram na retaguarda. O general Antônio Araújo de Medeiros, chefe do 5º Comando Militar que tomou a refinaria de Mataripe na Bahia, afirmou que "se tivesse de atirar assim faria para proteger o patrimônio da refinaria" (Gaspari, 1995). Escaldados pelas mortes ocorridas em Volta Redonda, os grevistas evitaram reagir, e não houve vítimas.

Em outubro de 1996, 1.000 homens do Exército e 63 da Polícia Federal desalojaram garimpeiros que estavam ocupando ilegalmente uma área que pertence à União e que seria explorada pela Vale do Rio Doce (Krieger, 1996).[14] Portanto, pode-se afirmar que enquanto a intervenção militar de 1988 em Volta Redonda foi constitucional, as intervenções militares ocorridas nos governos Itamar e FHC, por violarem a Lei Complementar n. 69, foram ilegais.[15]

Da mesma forma, o artigo 22-XXI juntamente com o artigo 144-IV, § 6, não ajudam no estabelecimento de um controle civil sobre os militares. O primeiro estipula que o governo federal é responsável pela organização das Polícias Militares, suas tropas e armamentos, bem como pela convocação e mobilização destas forças. Já o segundo artigo, além de determinar que as PMs estão subordinadas aos governadores de Estado (que é quem paga os salários e nomeia seus comandantes), afirma que as PMs devem ser consideradas tanto uma

[14]Nos dias seguintes, o Exército fez exercícios militares na área ocupada numa demonstração de força ante a população local. "Tropas fazem manobras na região", *Jornal do Brasil*, 28 de outubro de 1996.
[15]Para outros exemplos de violação ver o capítulo 4.

força auxiliar como reserva do Exército. Teoricamente, cada brasileiro é reservista das Forças Armadas.

O fato de forças policiais serem auxiliares do Exército é algo comum durante os regimes autoritários. Nas democracias, repetindo, somente em período de guerra é que as forças policiais tornam-se forças auxiliares do Exército. Em tempo de paz, o Exército é que se torna reserva da polícia, indo em sua ajuda quando esta não consegue debelar gigantescos distúrbios sociais. As democracias passam uma linha clara separando as funções da polícia das funções das Forças Armadas.

Ambos os artigos terminam por estabelecer um duplo comando: federal e estadual. Os governadores ficam com o ônus de pagar os salários sem, todavia, poderem decidir qual tipo de armamento deve ser comprado, como as tropas devem ser alinhadas, ou onde devem ser construídos novos quartéis. Para tudo isto, necessitam de consentimento da Inspetoria Geral das Polícias Militares (IGPM), órgão vinculado ao ministro do Exército. A IGPM foi criada durante o auge da repressão política, através do Decreto nº 61.245 de 28 de agosto de 1967, e almejava coordenar as ações das polícias militares nos diversos Estados bem como ressaltar o controle militar federal sobre as mesmas.

O tipo de armamento, a localização dos quartéis, o adestramento das tropas e a coordenação das PMs continuam sob o controle da IGPM que, a partir da Constituição de 1988, perdeu o controle sobre a instrução das PMs.[16] Emenda Constitucional apresentada, em setembro de 1997, logo após as greves das PMs, por FHC ao Congresso, sugeriu a volta deste

[16]A polícia de Honduras — FUSEP — passou ao controle do Exército, depois do golpe de Estado de 1963. O Congresso hondurenho, ao contrário do brasileiro, decidiu, em agosto de 1997, que a FUSEP deveria não somente se desvincular do Exército, como se transformar, no espaço de oito meses, numa polícia civil.

controle para as mãos do Exército. Ou seja, restabelecer o trinômio instrução militar-regulamento militar-justiça militar, implantado pelo presidente-general Médici.

A partir de 1998, a IGPM foi substituída pelo Comando de Operações Terrestres (Coter). O Coter é um órgão operacional e dirigido por um general-de-exército. A IGPM era um órgão burocrático e foi comandada por um general-de-brigada ou de divisão. Sob este prisma, o controle do Exército sobre as PMs aumentou no período "democrático".

O Coter, órgão de Direção Setorial do Sistema Operacional responsável por orientar e coordenar, em seu nível, o preparo e o emprego da Força Terrestre de acordo com as diretrizes ministeriais e do Estado-Maior do Exército, passou a ter novo organograma. O Coter começou, através de sua Subchefia de Força Auxiliar a realizar estudos sobre legislação, quadros de organização, propostas de criação e/ou extinção de unidades das Polícias Militares e dos Corpos de Bombeiros, bem como controlar os efetivos e o material bélico dessas Forças Auxiliares. Portanto, se em outros países temos a força de polícia com estrutura militar, mas que não é polícia militar, no Brasil o que presenciamos é uma estrutura militar fazendo o papel de polícia (Cerqueira, 1998). Ou seja, mais tropa do que polícia.

Os governadores de Estado indicam os comandantes das PMs, em geral oriundos da própria corporação, embora em poucos estados coronéis do Exército ainda comandem Polícias Militares.[17] Além do mais, os governadores pagam os salários dos policiais militares postos à disposição do Exército e da tropa mesmo quando elas são federalizadas, ou seja, quando

[17]Durante o regime militar, a tônica era o Exército indicar o comandante-geral da PM.

estão sob o controle do Exército. O policial militar tem, portanto, dois patrões: o Estado e a União. Este arranjo é potencialmente explosivo, pois em situação de conflito entre o governador de Estado e o presidente da República, o policial fica inseguro a qual instância obedecer. Isto ficou bem claro quando o governador de Minas Gerais, Itamar Franco, discordou da decisão de FHC de privatizar Furnas. O governador fez exercícios militares com suas tropas numa clara alusão de que resistiria à decisão do presidente, mesmo que ele decidisse pelo envio de tropas do Exército.

As PMs copiam o modelo de batalhões de infantaria do Exército; é regida pelo mesmo Código Penal e de Processo Penal Militar das Forças Armadas; seu Regulamento Disciplinar é muito similar ao Regulamento Disciplinar do Exército, conforme o Decreto n. 667, de 2 de julho de 1967; seus serviços de inteligência (P-2) continuam, tal qual durante o regime militar, a fazer parte do sistema de informações do Exército, conforme dispuserem os Comandos Militares de Área, nas respectivas áreas de jurisdição (Decreto n. 88.797, de 30 de setembro de 1983).

Isto significa, que as PMs são obrigadas, por lei, a passar as informações coletadas através do chamado "canal técnico" ao comandante do Exército. Ou seja, tal comandante possui informações sobre o próprio governador de Estado, pondo em xeque o princípio federativo.[18] E mais não há qualquer

[18]Um caso notório foi a revelação, em setembro de 1996, de informes da P-2 do Distrito Federal que espionava sindicalistas, ativistas do MST até membros do Partido dos Trabalhadores, o partido político do então governador do Distrito Federal, Cristóvam Buarque. Esses relatórios eram entregues, dentre outros, ao Centro de Inteligência do Exército, às áreas de inteligência do Comando Militar do Planalto e do Comando Naval de Brasília e à Secretaria de Inteligência da Aeronáutica (Weber, 1996).

controle das Assembléias Legislativas Estaduais sobre as P-2. Além do mais, policiais militares continuam trabalhando em quartéis do Exército à disposição do mencionado sistema de informações.

Situação similar ocorre com os Corpos de Bombeiros Estaduais. Para que possam ter a condição de militar e assim serem consideradas forças auxiliares do Exército, têm que ser controlados pelo Exército; serem estruturados à base da hierarquia e da disciplina militar; serem componentes das Forças Policiais Militares, ou independentes destas, desde que lhe sejam proporcionadas pelas unidades da Federação condições de vida autônoma pelo Estado-Maior do Exército; possuírem uniformes e subordinarem-se aos preceitos gerais do regulamento interno e dos Serviços Gerais e do Regulamento Disciplinar, ambos do Exército, e da legislação específica sobre procedência entre militares das Forças Armadas e os integrantes das forças auxiliares; exercerem suas atividades profissionais em regime de trabalho de tempo integral, e ficarem sujeitos ao Código Penal Militar.[19]

A Constituição de 1988 cometeu o erro de reunir em um mesmo Título V (*Da Defesa do Estado e das Instituições*), três capítulos: o Capítulo I (*Do Estado de Defesa e do Estado de Sítio*), o Capítulo II (*Das Forças Armadas*) e o Capítulo III (*Da Segurança Pública*). Nossos constituintes não conseguiram se desprender do regime autoritário recém-findo, e terminaram por constitucionalizar a atuação de organizações militares em atividades de polícia (Polícia Militar) e defesa civil (Corpo de Bombeiros), ao lado das polícias civis. As polícias continua-

[19]Desconheço qualquer democracia que trate institucionalmente os bombeiros desta maneira.

ram constitucionalmente, mesmo em menor grau, a defender mais o Estado que o cidadão.[20]

Deste modo, os bens do Estado são mais importantes do que a vida e os bens dos cidadãos que sustentam o Estado com seus impostos. Frise-se que quinze anos depois, ainda não foi regulamentado o § 7º do Artigo 144 que disciplina o funcionamento dos órgãos responsáveis pela segurança pública.[21] As corporações policiais estão ainda sujeitas às suas antigas legislações e expostas a choques e conflitos de competência decorrentes tanto da falta de clareza do texto constitucional como das próprias legislações específicas. Tanto é que as Polícias Militares e Civis padecem de leis orgânicas.

E mais: manteve em linhas gerais, a estrutura do aparelho policial criado durante o regime militar. Fato reconhecido pelo governo FHC. Em 1997, o presidente criou um Grupo de Trabalho sobre Reestruturação das Polícias. Dentre as justificativas para a criação do Grupo de Trabalho, a Portaria n. 369, de 13 de maio de 1997, mencionou "que o atual modelo institucional de segurança pública foi estruturado, em sua maior parte, num período anterior à promulgação da Constituição Federal de 1988, marco inicial do estado de direito democrático". Conseqüentemente, fazia-

[20]As PMs ficaram, como ainda estão, atreladas aos planos de Defesa Interna e Territorial do Exército. Em casos de subversão da ordem ou de sua irrupção, as PMs passam ao controle das Regiões Militares do Estado, pouco importando a opinião dos governadores que, não obstante, continuarão pagando os salários dos Policiais Militares.

[21]Tais órgãos são: Polícia Federal, Polícia Rodoviária Federal, Polícia Ferroviária Federal, Polícias Civis, Polícias Militares e Corpos de Bombeiros Militares. Portanto, o Ministério Público, o Judiciário e os agentes prisionais não são responsáveis pela segurança pública!

se necessário adaptar o sistema de segurança pública a nova Carta, que se diz cidadã.[22]

Além disso, misturaram-se questões de segurança externa com questões de segurança pública, ou seja, tornaram a militarização da segurança pública algo constitucionalmente válido. Inclusive, FHC baixou, em 24 de agosto de 2001, o Decreto-Lei n. 3.897 conferindo poder de polícia para as Forças Armadas em ações ostensivas de segurança pública. Tal prerrogativa era, até então, exclusiva das Polícias Militares.

Também se manteve a supremacia, alcançada durante o regime militar, da Polícia Militar sobre a Polícia Civil em número de homens, adestramento e poder de fogo. Antes do advento do regime autoritário de 1964, as Polícias Militares tinham um papel secundário no trato das questões de segurança pública. Inclusive, ficavam aquarteladas nas principais capitais do país, e não faziam o patrulhamento das ruas. As polícias não-militares tinham o papel primordial. Cabia às mesmas, tanto o papel ostensivo (incluindo o trânsito e a segurança de dignitários), como o investigativo e, pela atuação do delegado de Polícia investido de função jurisdicional, realizar a instrução criminal nos processos sumários.

A partir, principalmente de 1969, auge da repressão política, houve uma reversão nas funções das polícias. As Polícias Militares saíram de seu aquartelamento e foram lançadas nas

[22]Contudo, a composição dos integrantes do grupo dificultou, no nascedouro, a disposição da portaria de rever o atual modelo institucional de segurança pública. Participaram um policial civil, um policial federal, um ex-secretário de Segurança Pública e um coronel da reserva da PMRJ, um oficial da ativa do Exército da Inspetoria Geral das Polícias Militares, e mais quatro oficiais, entre coronéis e generais, da reserva do Exército que ocuparam cargos na área de segurança pública. Dos secretários de Segurança Pública em atividade no país, o único escolhido foi o general Nilton Cerqueira.

ruas com o objetivo de fazer o papel do policiamento ostensivo e manutenção da ordem pública, aí incluindo o controle do tráfego de veículos. Foi retirada a prerrogativa jurisdicional do Delegado de Polícia para realizar a instrução dos processos sumários.

O Governo Federal extinguiu as Guardas Civis do Brasil, passando as atribuições destas para as PMs.[23] O instrumento utilizado para o ato foi o Decreto-Lei federal n. 1.072 de 30 de dezembro de 1969, sancionado pelo então presidente da República Emílio Garrastazu Médici, e patrocinado pelo ministro da Justiça, Alfredo Buzaid, e o chefe da Casa Militar, general-de-brigada, João Figueiredo, logo após o anúncio do Ato Institucional n. 5. Deste modo as PMs ficaram sujeitas ao trinômio: instrução militar, regulamento militar e justiça militar. Situação respeitada pela Constituição de 1988.

Portanto, ao contrário do que aconteceu no Estado Novo varguista, o poder repressivo não ficou nas mãos da polícia civil, mas dos militares. A polícia civil uniformizada deixou de existir, e as Polícias Militares, então subordinadas ao Exército, passaram a responder isoladamente pelo policiamento preventivo e ostensivo (Mariano, 2000).

A Constituição de 1988 nada fez para devolver à Polícia Civil algumas de suas atribuições existentes antes do início do regime militar. A Polícia Civil é uma das instituições que mais perdeu poder com o advento do regime militar. Continuou exercendo funções semelhantes às preconizadas pelos governos autoritários. Até antes de 1964, a Polícia Civil patrulhava

[23] O caso emblemático é o paulista. As tradicionais Força Pública e a Guarda Civil deixaram de existir e boa parte de seus contingentes foram transferidos para a Polícia Militar.

as ruas e o trânsito com seus guardas-civis fardados, atuava na prevenção e repressão ao crime, além de que fazia a segurança de governadores e dignitários (Barbosa, 1997). Hoje está consolidada a militarização da área civil de segurança, pois a Polícia Militar encarrega-se do policiamento ostensivo e do trânsito, o Corpo de Bombeiros cuida do controle de incêndios e acidentes em geral, e a Casa Militar Estadual responsabiliza-se pela segurança governamental e pelo comando do sistema de defesa civil (enchentes, deslizamento de morros etc).[24]

A Constituição Federal também manteve as denominações singulares das polícias.

O termo Polícia Militar é um oxímoro.[25] Doutrinariamente Polícia como órgão incumbido de prevenir a ocorrência da infração penal e, se ocorrida, exercendo as atividades de repressão, é uma instituição de caráter civil. Não há necessidade de acrescentar a palavra militar ao substantivo policial. Adicionar o termo civil é um pleonasmo. Tanto é que a polícia militar da Espanha chama-se *Guardia Civil*. Só que civil neste caso não é o contrário de militar, mas sim originário de "civitas". Ou seja, uma guarda que protege o cidadão.

Já o artigo 137 da Constituição de 1988 refere-se à situação de estado de sítio: típico caso em que lei e ordem estão em perigo. De acordo com o referido artigo, o presidente necessita de autorização do Congresso para declarar o estado de sítio. Vamos supor que o Congresso não creia que a lei e

[24]Embora as PMs estejam encarregadas da Defesa Civil dos Estados, um coronel do Exército comandou por vários anos a Defesa Civil da Presidência da República na gestão de FHC.

[25]Figura de linguagem que consiste em reunir palavras contraditórias como jovem senhor, sossego ensurdecedor, eloqüente silêncio etc.

a ordem estão ameaçadas, então, o presidente não poderá pedir a intervenção militar. Contudo, o presidente, ante pressão militar, pode circundar o Congresso invocando o artigo 142 e a partir dele, solicitar que os militares restabeleçam a lei e a ordem.

A Constituição de 1988 apresentou a novidade de considerar crimes militares somente os crimes que estivessem contemplados pelo Código Penal Militar. Deste modo, avançou vis-à-vis a anterior, ao mudar da jurisdição militar para a ordinária os crimes contra a segurança nacional. Na prática, todavia, reina a ambigüidade. O artigo 109-IV da Constituição diz que compete aos juízes federais processar e julgar crimes políticos. Contudo, não há, no Brasil, legislação sobre crimes políticos. Diante disto, a Lei de Segurança Nacional (LSN) termina cobrindo os crimes políticos e os violadores permanecem sendo julgados por Tribunal Federal Militar.

A Constituição da Guatemala prevê no artigo 219, que nenhum civil pode ser julgado por tribunal militar. Já a Constituição do Peru, de 1993, estabelece no artigo 173, que o Código de Justiça Militar não é aplicável aos civis exceto nos casos de crime de traição ou terrorismo. A Constituição do Paraguai de 1992, artigo 174, permite que tribunal militar tenha jurisdição sobre civil somente em caso de conflito armado internacional.

Guatemala, Peru e Paraguai são países detentores, de um modo geral, de instituições mais frágeis que o Brasil. No entanto, a Constituição de 1988, artigo 125, apenas proíbe que civis sejam julgados por tribunais militares estaduais. Tribunais militares federais, todavia, continuam aptos a julgar civis desde que cometam crimes militares definidos no Código Penal

Militar. Como a definição de crime militar é ampla, abre-se um leque de possibilidades para o julgamento de civis em cortes militares. Por exemplo, David Freitas de Oliveira, 20 anos, acusado de pichar muro da casa de um sargento do 4.º Batalhão do Exército, na Vila Militar, foi julgado por tribunal militar ao ser enquadrado no artigo 261, I e II, do Código Penal Militar que versa sobre dano qualificado mediante emprego de substância inflamável ou explosiva (em alusão ao spray) e por motivo egoístico (Alonso, 1992).

Em 1994, dois civis foram condenados pela Auditoria Militar Federal, em Pernambuco, por terem tentado subtrair madeira de árvores cortadas em área sob administração do Exército e provocado tiroteio ao serem surpreendidos por patrulha militar. Em 1995, o Superior Tribunal Militar, em sentença apelatória, condenou dois civis por apropriação indébita de material de construção pertencente a estabelecimento militar, e outros dois civis foram incursos por crime de receptação.

Em 1997, dois civis foram presos pelo Exército porque tentaram usar uma passagem de acesso ao conjunto habitacional onde moram, que fica em frente ao quartel. Por ordem do então comandante do Terceiro Regimento de Carros de Combate, na Vila Militar de Deodoro, general Valdésio Guilherme de Figueiredo, o acesso havia sido fechado aos moradores.[26] A assessoria do Comando Militar do Leste (CML) informou que a passagem subterrânea fica em área sob jurisdição militar e só quem pode usá-la é o Exército, e os dois

[26]"General da Vila Militar prende rapazes por cruzarem passagem subterrânea" in *O Globo*, 7 de outubro de 1997.

rapazes insistiram em atravessar a passagem apesar de terem sido impedidos por soldados. Eles teriam xingado e brigado com os militares e foram presos depois de autuados em flagrante por desacato à ordem. O auto, segundo o CML, foi enviado à Auditoria Militar. Já existe jurisprudência que confere competência à Justiça Militar para julgar crime praticado por civil em lugar sujeito à administração militar e contra autoridade militar (Lourenço Neto, 1995).

Frise-se que caso civil provoque lesão corporal ou morte em militar motivada por colisão de trânsito, desde que a viatura militar federal esteja trafegando em missão especificamente militar, conforme o art. 42 da Constituição Federal, o civil responderá por crime contra a pessoa na Auditoria Militar Federal.

Até o início do governo FHC, a possibilidade de um militar ser julgado por tribunal comum era praticamente nula. Isto porque a definição de crime militar é tão ampla que faz com que vários ilícitos cometidos por militares pudessem ser enquadrados em algum artigo do Código Penal Militar. Em 1996, após a morte de vários sem-terra, em Eldorado dos Carajás, e ante a ameaça da Organização dos Estados Americanos de denunciar internacionalmente atos de negligência das Justiças Militares, o Executivo resolveu agir. FHC deu ordens ao então ministro da Justiça, Nélson Jobim, que ficasse em plenário cabalando votos para a aprovação de um novo Projeto de Lei do deputado Hélio Bicudo.

Em janeiro de 1996, a Câmara de Deputados eliminou o foro militar para crimes cometidos por policiais militares contra civis, no exercício de funções de policiamento. Todavia, a Câmara inovou: decidiu que a investigação criminal continuaria sendo feita por militares.[27] Esta decisão confronta o Artigo 144, § 5.º, da atual Constituição, pois o artigo estipula que crimes civis devem ser investigados pela Polícia Civil. Portanto, temos uma novidade jurídica: militares que perpetraram crime civil são investigados por colegas de farda, no entanto, são julgados por juízes civis. O Congresso, portanto, adotou uma legislação recentemente anulada na Colômbia, país onde existem movimentos guerrilheiros. Neste vizinho país, alterou-se a legislação que permitia que crimes cometidos por militares, em função de policiamento fossem investigados por militares e julgados em tribunais civis. Conseqüentemente, tais crimes passaram a ser investigados e julgados por autoridades civis.

No dia 9 de maio de 1996, o Senado desfigurou o projeto de Bicudo com a conivência do líder do governo Élcio Álvares.[28] O projeto apenas excluiu os crimes dolosos contra a vida de civis da competência da Justiça Militar. Portanto, ficaram de fora da alçada da Justiça comum os crimes mais corriqueiramente cometidos por policiais militares: crimes contra o

[27]A relutância militar em manter a investigação, mesmo de crime civil, sob controle militar é influenciada pelo histórico episódio ocorrido em 1954. Naquele ano houve um atentado contra Carlos Lacerda, resultando na morte do major-aviador Rubens Vaz. As investigações feitas pela Polícia Civil do atentado da Rua Toneleros, em Copacabana, provocaram reações na Aeronáutica. Depois de muita pressão, o inquérito civil foi paralisado e aberto um IPM. Os suspeitos passaram a ser levados para a base aérea do Galeão, onde eram ouvidos por militares. Cercada de toda a segurança e sigilo, a base passou a ser chamada de República do Galeão por conta da independência, em relação ao Palácio do Catete, com que se processaram as investigações. O mandante do atentado, segundo o IPM, foi o chefe da segurança de Getúlio Vargas, Gregório Fortunato. FHC prometeu distanciar-se da era Vargas. Contudo, pouco fez para mudar este legado autoritário.

[28]Posteriormente, Álvares tornar-se-ia o primeiro ministro da Defesa do Brasil.

patrimônio, abuso de autoridade, espancamento, prisão ilegal, extorsão, seqüestro, prevaricação etc.

O projeto, todavia, incluía os membros das Forças Armadas. Desgostosos, os ministros militares pressionaram o presidente da República. FHC sancionou, em 7 de agosto de 1996, o projeto na sua totalidade ao editar a Lei n. 9.299. Mas, treze dias depois enviou ao Congresso o Projeto de Lei n. 314, propondo a exclusão dos militares federais da Lei n. 9.299.

Na prática, a Lei n. 9.299 não vigora para os militares federais. No dia 12 de novembro de 1996, o Superior Tribunal Militar decidiu que esta lei não se aplicava aos militares federais. Por isso, o Ministério Público Militar, em 26 de janeiro de 1997, denunciou, na Auditoria Militar Federal, em Recife, três soldados do 14°. Batalhão Logístico do Exército, por prática de crime doloso contra a vida do estudante Fábio de Melo Castelo Branco.

Por outro lado, o Superior Tribunal de Justiça acatou a Lei n. 9.299 e os policiais militares envolvidos na chacina de Eldorado dos Carajás foram julgados em tribunal comum, embora o ilícito tenha sido praticado antes da aprovação da Lei. Portanto, já está configurado juridicamente a existência de dois tipos de militares: os de primeira categoria, os militares federais, e os de segunda categoria, os militares estaduais. Mesmo que cometam crimes idênticos serão julgados em tribunais por códigos penais distintos, podendo receber punições diferenciadas violando o princípio jurídico da isonomia.

Ocorrendo um crime militar abre-se um Inquérito Policial Militar (IPM). O presidente do IPM tem o poder de decretar a prisão provisória por trinta dias seja o suspeito civil ou militar (Código de Processo Penal Militar, CPPM, art. 18). Para aprisionar alguém que tenha cometido transgressão militar ou crime propriamente militar, o agente militar não necessita de uma autorização judicial nem flagrar o autor do ilícito. Necessita apenas comunicar a autoridade judiciária o ato de prisão. E mais, a detenção pode ser renovada por mais vinte dias (CPPM, art. 18). A pessoa responsável pela renovação do encarceramento não é um juiz, mas a mais alta autoridade militar existente na região militar. Este autoritário artigo, redigido, como já mencionado, durante o auge da repressão política, foi simplesmente mantido pela Constituição de 1988 de acordo com o Artigo V-LXI onde se lê: "ninguém será preso senão em flagrante delito ou por ordem escrita e fundamentada de autoridade judiciária competente, salvo nos casos de transgressão militar ou crime propriamente militar, definidos em lei".

Convém mencionar que a Polícia Civil fez lobby durante a Constituinte para conseguir o direito de fazer a prisão provisória. A Polícia Civil pediu cinco em vez de trinta dias e mostrou-se disposta a submeter a prisão ao Juiz e não apenas comunicar-lhe o ato praticado. Os constituintes não aceitaram o pedido feito pelos policiais civis, contudo, deixaram intacta a referida prerrogativa militar adquirida durante o regime autoritário. Somente em 21 de dezembro de 1989 é que a Lei n. 7.960 regulamentou a prisão temporária para certos ilícitos. Ela é decretada pelo Juiz mediante representação da autoridade policial ou de requerimento do Ministério Público. Frise-se que, na prática, tal lei é freqüentemente violada. A autoridade policial prende primeiro e só depois é que requer a autorização do Juiz.

Até a Constituição de 1988, os policiais militares não eram de direito considerados servidores públicos militares. O eram apenas oficiosamente. É costume em regimes democráticos separar-se, tão logo seja iniciada a transição do autoritarismo, a vinculação da polícia às forças armadas. No Brasil, os constituintes tomaram decisão contrária. Pela primeira vez na história republicana uma Constituição reconheceu que tanto os policiais militares como os bombeiros militares têm o mesmo *status* dos militares federais: servidores públicos militares.

Isto, todavia, serviu como entrave para a obtenção de aumento salarial por parte das Forças Armadas. É que ao contrário do que acontecia durante o regime militar, a Constituição de 1988 estipulou aumento simultâneo para os servidores públicos civis e militares. Com a greve das Polícias Militares de 1997, por melhores salários, a situação foi alterada. Havia o receio de que o mesmo viesse a acontecer com as Forças Armadas.

FHC, então, patrocinou uma mudança na Constituição. Em 5 de fevereiro de 1998, a Emenda Constitucional n. 18 extinguiu a definição de "Servidores Públicos Militares" e manteve a de "Servidores Públicos Civis". Os membros das Forças Armadas passaram a ser definidos como "militares" em vez de "servidores militares federais" para separá-los juridicamente dos policiais e bombeiros militares. A nova redação do *caput* do Artigo 42 passou a ser: "Os membros das Polícias Militares e Corpos de Bombeiros Militares, instituições organizadas com base na hierarquia e disciplina, são militares dos Estados, do Distrito Federal e dos Territórios."

Compare-se com a redação anterior deste mesmo artigo: "São servidores militares federais os integrantes das Forças Armadas e servidores militares dos Estados, Territórios e Distrito Federal os integrantes de suas polícias militares e de seus corpos de bombeiros militares." Note que se procurou enfatizar que o policial militar/bombeiro passa a ser em primeiro lugar um militar estadual, e só, posteriormente, policial/bombeiro.

O direito do Senado de aprovar ou vetar a promoção de oficiais superiores é uma prática comum em países democráticos. Por exemplo, na Argentina durante o governo Alfonsín, muitos oficiais ligados à "guerra suja" estavam profissionalmente aptos a promoção. Em muitos casos o presidente aprovou certas promoções que terminaram sendo rejeitadas pelo Senado devido ao fato dos promocionáveis estarem envolvidos com violações aos direitos humanos. O alto oficialato militar teve então que negociar com os senadores argentinos a derrubada do veto. O Senado funcionou assim como pára-choque entre o presidente da República, que é o comandante-em-chefe das Forças Armadas, e seus subordinados. Bolívia, Colômbia, Paraguai, Uruguai e Venezuela são também países cujos presidentes têm de receber o aval do Senado antes de promover um oficial de alto escalão.

No Brasil, o artigo 84-XIII, todavia, estipula que o presidente da República é a única autoridade responsável pela promoção de generais. O procedimento é, em geral, o seguinte: o alto-comando de cada força prepara uma lista ordenada de oficiais aptos a serem promovidos e o presidente, embora tenha a autoridade para mudar nomes e ordenamento, chancela a lista. Desconheço a existência de algum caso, desde 1985, em que um presidente civil tenha vetado a lista de promoções redigida pelas autoridades militares.

Tal comportamento presidencial contribui para estreitar os laços institucionais entre os militares e o presidente, de um modo danoso. É que as Forças Armadas tornam-se uma extensão do poder executivo em detrimento do Legislativo. O presidente Fernando Collor, por exemplo, promoveu o general José Luiz da Silva que comandou a invasão militar em Volta Redonda, redundando na morte de três operários (Zaverucha, 1992). O presidente Itamar Franco, por sua vez, guindou o coronel-médico Ricardo Fayad ao posto de general, cinco dias depois dele ter sido condenado e perdido sua licença de praticar a medicina pelo Conselho Regional de Medicina do Rio de Janeiro, sob acusação de ter participado de sessões de tortura durante o regime militar. O Grupo Tortura Nunca Mais pediu ao então presidente que passasse o coronel para a reserva.[29] Em vão.

A presença militar em torno do presidente é realçada pelo fato de, ao contrário dos países democráticos, sua segurança pessoal ser feita pela Casa Militar.[30] Seu chefe é um general da ativa detentor de status de ministro de Estado e ele comanda as subchefias de Segurança, do Exército, Marinha e Aeronáutica. O presidente e o vice-presidente, quando estão em Brasília, são guardados pelo Batalhão de Guardas da Presidência (cerca de 1.500 homens) e pelo Regimento de Cavalaria de Guarda (cerca de 1.300 homens). Estas duas unidades militares são também usadas durante a recepção de altas autoridades estrangeiras. Fujimori optou por adotar o estilo brasileiro. Após o seu autogolpe, decidiu que o Exército peruano, e não mais a polícia, ficaria encarregado de fazer sua segurança pessoal.

O artigo 48-III estipula ser o Congresso responsável pela fixação e modificação do tamanho da tropa das forças arma-

[29] "Grupo se queixa de promoção a Itamar", *Jornal do Brasil*, 9 de abril de 1994.

[30] Pela Medida Provisória n. 1.911-10, de 24 de setembro de 1999, a Casa Militar passou a se chamar Gabinete de Segurança Institucional. Seu chefe é um general da ativa e é ministro de Estado.

das. Contudo, a Constituição deixou de fornecer uma clara definição sobre o papel dos militares para além de suas funções militares. Praticamente, nada foi dito sobre o papel do Congresso no controle do orçamento militar, leis de defesa, programas nucleares militares, serviços de inteligência militar, administração militar, e distribuição de tropas ao longo do país.

O Exército ainda adota a disposição territorialmente distribuída, cercando grandes cidades costeiras, porque isto ajuda a preservar sua influência interna.[31] Aqui e acolá alguns batalhões têm sido remanejados para a Amazônia, mesmo que esta região seja considerada como área de cobiça internacional. A Vila Militar do Rio de Janeiro continua a ser a maior unidade militar do Brasil. Algumas tropas de elite aí estacionadas voaram do Rio para a Amazônia, em aviões comerciais, para participar do último grande treinamento militar na região (Operação Surumu) contra uma possível invasão norte-americana (Bonassa, 1993).

Na Espanha de Franco, os militares controlavam a marinha mercante, agências meteorológicas e aviação civil. A Constituição de 1978 aboliu estas prerrogativas dos militares espanhóis. No Brasil, a Constituição de 1988 não acabou com

[31]Na Espanha, a política de cordões de segurança militar em torno de grandes aglomerados urbanos foi modificada. Felipe González, por exemplo, dividiu a Divisão Brunete, a mais poderosa da Espanha, que estava estacionada nas cercanias de Madrid e enviou a parte encouraçada para a fronteira. Ministerio de Defensa, *Memoria de la Legislatura, 1982-1986*, Madrid: Centro de Publicações, 1986:124. Na Grécia, Karamanlis ordenou que certas unidades bélicas deixassem a capital. Ao saber que sua ordem estava sendo desrespeitada por alguns comandantes militares, afirmou: "Ou vocês tiram estes tanques de Atenas ou a população decidirá esta questão na praça da Constituição." Os tanques foram removidos (Huntington, 1994).

a participação militar em áreas de atividade econômica civil. O Departamento de Aviação Civil (DAC) continua sendo controlado pela Aeronáutica e não pelo ministro dos Transportes.[32] A legislação brasileira chega ao ponto de permitir que o ministro da Aeronáutica intervenha numa companhia aérea comercial caso ela esteja sendo mal administrada.

O poder deste controle ficou evidenciado através de um incidente ocorrido com o prefeito de Londrina, Antônio Belinati. Ele proibiu que aviões Bandeirantes, fabricados pela Embraer, aterrissassem no aeroporto local enquanto não ficassem esclarecidas as causas da queda de quatro destes que resultaram na morte de 32 pessoas. O diretor do DAC ameaçou suspender a licença de funcionamento do aeroporto de Londrina, o terceiro maior do sul do país em operações comerciais, caso o prefeito não reconsiderasse sua decisão. O prefeito preferiu render-se às pressões militares e o Bandeirantes voltou a operar em Londrina embora não se soubessem as causas das quedas dos outros quatro Bandeirantes.

A Aeronáutica também controla as atividades espaciais, o espaço aéreo comercial, a inspeção sobre a segurança de aviões civis e realiza investigações sobre acidentes aéreos envolvendo aeronaves civis. Ou seja, ela fiscaliza aquilo que ela mesma controla. Tal disparate veio à tona por conta do acidente aéreo envolvendo o grupo musical Mamonas Assassinas. O IPM da Aeronáutica responsabilizou apenas o piloto e o copiloto pelo acidente. Diante da repercussão do acidente, a polícia civil, pela primeira vez, abriu inquérito paralelo e também responsabilizou dois sargentos que trabalhavam na torre

[32]Apenas a Infraero está sob comando civil.

de controle, que por sinal, só prestaram depoimento mediante mandato judicial.[33] A Aeronáutica não entregou a caixa-preta aos familiares, limitando-se a transcrever trechos da mesma. Idêntico procedimento foi adotado para com a caixa-preta do Fokker-100 da TAM que caiu em São Paulo em 1996. Desta vez com a agravante de que o Superior Tribunal de Justiça determinou que a mesma fosse entregue aos enlutados.

Nesta mesma linha de prerrogativas, a Marinha é a responsável pelo licenciamento de navios mercantes, iates, jet-skis e embarcações turísticas. Lembremo-nos do ocorrido com o barco *Bateau Mouche* em 31 de dezembro de 1988, que naufragou devido a superlotação. O ministro da Marinha impediu que a polícia civil do Rio de Janeiro abrisse inquérito alegando que apenas o Tribunal Marítimo teria jurisdição sobre o caso. No Recife, a Marinha interditou cinco jet-skis e cinco barcos a vela do hotel cinco-estrelas Intermares após um de seus jet-skis atropelar uma criança de três anos de idade. Uma posterior investigação militar assinalou que os equipamentos náuticos do hotel estavam irregulares pois não haviam sido licenciados pela Marinha.[34] A Marinha também é a responsável pela segurança como pela investigação sobre acidentes marítimos envolvendo embarcações civis. Em 1996, o governo criou a Comissão Nacional de Segurança dos Portos (Comportos) reunindo os ministérios da Marinha, Justiça e Transportes. Uma subcomissão criada especificamente para verificar a segurança portuária no caso de conflitos e greves é

[33]"Inquérito dos Mamonas indicia controladores", *Jornal do Brasil*, 9 de outubro de 1996.

[34]"Capitania dos portos interdita embarcações no Hotel Intermares", *Jornal do Commercio*, 17 de julho de 1993.

coordenada por um representante do Ministério da Marinha (Paul, 1998). Pela Lei de Segurança do Tráfego Aquaviário, aprovada em dezembro de 1997, quando os práticos[35] não chegarem a um acordo sobre o pagamento com os donos de navios, a arbitragem será da Marinha.

[35]Práticos são civis aprovados em concurso feito pela Marinha.

3

Orçamento militar

1999 → Ministerio [Ex
Mar.
Aer.
EMFA] 4 M. Militares

1999
→ Criação do Min. da Defesa → Min. Civil
- é o braço político dos Militares

O conveniente e o correto raramente são a mesma coisa.

Charles Brower

A LEI ORÇAMENTÁRIA

Os recursos orçamentários são, na sua maioria, produto da tributação que a sociedade obrigatoriamente paga para manter em funcionamento a administração pública. A Lei Orçamentária é importante para se analisar o movimento regulador do sistema administrativo e, também, político de um país. Política é a arte de estabelecer prioridades. A prioridade reflete, no fundo, a visão ideológica de seu formulador, e manifesta-se na execução orçamentária. Em um país com tantas carências sociais e de infraestrutura como o Brasil, chama a atenção o fato de, entre 1995-2002, as Forças Armadas terem recebido o terceiro maior orçamento da União. Lembro que a última vez que o Brasil lutou uma guerra foi contra o Paraguai (1865-1870). O Brasil não possui litígio fronteiriço com seus dez vizinhos há mais de um século. A Argentina, tradicional rival, deixou de ser vista como inimiga militar potencial pelos militares brasileiros.

A seguir, são apresentados três tipos de tabelas. Na primeira, são fornecidos dados do Orçamento da União destinado aos ministérios no âmbito do Executivo Federal e calculados os percentuais alocados a cada ministério. Na segunda tabela, apresentam-se dados a respeito da dotação orçamentária mais o crédito suplementar, e, respectivos, percentuais. Na terceira tabela, o gasto total, ou seja, a efetiva execução orçamentária de cada ministério tanto em termos absolutos como percentuais.

Convém mencionar que a participação do Legislativo na elaboração do orçamento militar é mínima (Limongi & Figueiredo, 2002). Ou seja, o montante orçamentário chega ao Congresso Nacional com as verbas já "carimbadas". Fruto da negociação entre o presidente da república, ministro da Defesa e comandantes militares. O Legislativo aprova, formalmente, o orçamento abdicando, na prática, de fiscalizar o Executivo.

Deste modo, o Congresso exerce apenas um controle contábil do Orçamento. Ou seja, mera alocação ou não de dotações sem que as mesmas estejam necessariamente atreladas a estratégia claramente definida. Sem este atrelamento o corte ou aumento de verbas passa a ser rotina administrativa deixando de adquirir significado político. Infelizmente, pois um país com as carências sociais do Brasil apresenta um orçamento militar anual de US$ 10,7 bilhões, empatado com Taiwan, acima de Israel e logo abaixo da Coréia do Sul.[1] Três países em situação de guerra fronteiriça.

[1]Fonte: Center for Defense Information, www.cdi.org.

Via de regra, as Forças Armadas ocupam a terceira posição nas três tabelas. Acima de gastos com Educação, Saneamento, Habitação, Trabalho, Justiça, Ciência e Tecnologia etc. Isto significa que o poder político civil (o que formalmente faz a peça orçamentária), só considera as Forças Armadas, sob o ponto de vista orçamentário, menos importante do que os gastos com a Previdência Social e a Saúde. Inclusive, a diferença entre os gastos com a saúde e com os militares federais é muito reduzida. Isto é válido tanto na dotação orçamentária inicial, como na dotação suplementar e na capacidade executória. É só conferir as tabelas apresentadas a partir da página seguinte.

ANO 1995

Tabela 1

Dotação Orçamentária por Ministério no Âmbito do Executivo Federal, 1995.

Ministério	Dotação Orçamentária	% Total Ministérios
Min. da Previdência e Assistência Social	33.852.689.720	32,2%
Min. da Saúde — Fundo Nacional de Saúde	13.939.656.552	13,3%
FORÇAS ARMADAS*	11.681.497.203	11,1%
Min. da Educação e do Desporto	8.051.996.963	7,7%
Min. da Fazenda	7.838.256.808	7,5%
Min. do Trabalho	7.242.911.132	6,9%
Min. do Planejamento e Orçamento	5.763.898.494	5,5%
Min. dos Transportes	4.628.419.735	4,4%
Min. da Agric., do Abastec. e da Reforma Agrária	4.335.668.106	4,1%
Min. do Meio Ambiente, dos Rec. Hídr. e da Amaz. Legal	1.619.681.131	1,5%
Min. Extraordinário de Política Fundiária	1.330.849.063	1,3%
Min. da Ciência e Tecnologia	1.135.300.775	1,1%
Min. da Indústria, do Comércio e do Turismo	1.113.904.455	1,1%
Min. da Justiça (responsáveis pela Polícia)	830.446.193	0,8%
Min. das Relações Exteriores	536.350.228	0,5%
Min. de Minas e Energia	457.825.967	0,4%
Min. das Comunicações	414.453.659	0,4%
Min. do Bem-estar Social — em extinção	167.998.506	0,2%
Min. da Cultura	104.885.301	0,1%
Min. da Administração Federal e Reforma do Estado	92.482.960	0,1%
Min. da Integração Regional — em extinção	16.794.303	0,0%
Total dos Ministérios	**105.155.967.254**	**100,0%**

Fonte: Ministério do Planejamento, Orçamento e Gestão.

*Forças Armadas inclui os Ministérios da Marinha, Exército, Aeronáutica e Estado-Maior das Forças Armadas.

Tabela 1.1

Dotação Orçamentária mais Crédito Suplementar por Ministério no Âmbito do Executivo Federal, 1995.

Ministério	Dotação Orçamentária + Crédito Suplementar	% Total Ministérios
Min. da Previdência e Assistência Social	40.376.555.694	32,3%
FORÇAS ARMADAS	16.478.198.308	13,2%
Min. da Saúde — Fundo Nacional de Saúde	15.881.354.264	12,7%
Min. da Educação e do Desporto	10.675.314.713	8,5%
Min. da Fazenda	8.842.016.992	7,1%
Min. do Trabalho	8.809.206.055	7,0%
Min. dos Transportes	5.342.319.178	4,3%
Min. da Agric., do Abastec. e da Reforma Agrária	5.014.491.650	4,0%
Min. do Planejamento e Orçamento	4.696.755.411	3,8%
Min. do Meio Ambiente, dos Rec. Hídr. e da Amaz. Legal	1.653.716.597	1,3%
Min. Extraordinário de Política Fundiária	1.522.111.020	1,2%
Min. da Justiça	1.340.397.071	1,1%
Min. da Ciência e Tecnologia	1.322.050.992	1,1%
Min. da Indústria, do Comércio e do Turismo	1.292.580.581	1,0%
Min. das Comunicações	475.205.704	0,4%
Min. das Relações Exteriores	451.043.888	0,4%
Min. de Minas e Energia	403.598.488	0,3%
Min. do Bem-estar Social — em extinção	295.238.126	0,2%
Min. da Cultura	232.005.973	0,2%
Min. da Administração Federal e Reforma do Estado	64.579.912	0,1%
Min. da Integração Regional — em extinção	14.734.933	0,0%
Total dos Ministérios	**125.183.475.550**	**100,0%**

Fonte: Ministério do Planejamento, Orçamento e Gestão.

Tabela 1.2

Gasto Total Executado por Ministério no Âmbito do Executivo Federal, 1995.**

Ministério	Gasto Total Executado	% Total Ministérios
Min. da Previdência e Assistência Social	39.515.021.681	38,9%
Min. da Saúde — Fundo Nacional de Saúde	14.937.138.328	14,7%
FORÇAS ARMADAS	13.140.011.471	13,0%
Min. da Educação e do Desporto	9.278.707.623	9,1%
Min. do Trabalho	5.816.551.024	5,7%
Min. da Fazenda	4.341.964.323	4,3%
Min. dos Transportes	2.968.544.641	2,9%
Min. da Agric., do Abastec. e da Reforma Agrária	2.569.427.209	2,5%
Min. do Planejamento e Orçamento	1.908.221.471	1,9%
Min. Extraordinário de Política Fundiária	1.278.555.506	1,3%
Min. do Meio Ambiente, dos Rec. Hídr. e da Amaz. Legal	1.251.162.131	1,2%
Min. da Justiça	1.199.875.953	1,2%
Min. da Ciência e Tecnologia	1.027.907.668	1,0%
Min. da Indústria, do Comércio e do Turismo	656.078.156	0,6%
Min. das Relações Exteriores	428.460.212	0,4%
Min. das Comunicações	382.606.052	0,4%
Min. de Minas e Energia	285.824.013	0,3%
Min. do Bem-estar Social — em extinção	259.717.464	0,3%
Min. da Cultura	150.589.329	0,1%
Min. da Administração Federal e Reforma do Estado	41.707.709	0,0%
Min. da Integração Regional — em extinção	13.427.014	0,0%
Total dos Ministérios	**101.451.498.978**	**100,0%**

Fonte: Ministério do Planejamento, Orçamento e Gestão.

**O Gasto Total Executado corresponde a execução orçamentária.

Tabela 2
Dotação Orçamentária por Ministério no Âmbito do Executivo Federal, 1996.

Ministério	Dotação Orçamentária	% Total Ministérios
Min. da Previdência e Assistência Social	50.052.977.287	39,0%
FORÇAS ARMADAS	14.905.641.655	11,6%
Min. da Saúde	14.175.642.226	11,1%
Min. da Educação e do Desporto	9.860.553.024	7,7%
Min. do Trabalho	9.678.901.075	7,6%
Min. da Fazenda	8.796.765.023	6,9%
Min. dos Transportes	5.318.414.410	4,1%
Min. do Planejamento e Orçamento	4.961.217.405	3,9%
Min. da Agricultura e do Abastecimento	2.840.462.295	2,2%
Min. do Meio Ambiente, dos Rec. Hídr. e da Amaz. Legal	1.650.391.944	1,3%
Min. da Justiça	1.283.278.815	1,0%
Min. da Ciência e Tecnologia	1.158.501.181	0,9%
Min. da Indústria, do Comércio e do Turismo	953.507.664	0,7%
Ministro Extraordinário de Política Fundiária	942.268.254	0,7%
Min. das Relações Exteriores	449.811.560	0,4%
Min. das Comunicações	382.861.293	0,3%
Min. de Minas e Energia	335.908.420	0,3%
Min. da Cultura	193.855.521	0,2%
Min. da Administração Federal e Reforma do Estado	144.667.099	0,1%
Ministro Extraordinário dos Esportes	92.493.749	0,1%
Total dos Ministérios	**128.178.119.900**	**100,0%**

Fonte: Ministério do Planejamento, Orçamento e Gestão.

Tabela 2.1

Dotação Orçamentária mais Crédito Suplementar por Ministério no Âmbito do Executivo Federal, 1996.

Ministério	Dotação Orçamentária + Crédito Suplementar	% Total Ministérios
Min. da Previdência e Assistência Social	51.478.053.001	37,5%
Min. da Saúde	16.421.901.692	12,0%
FORÇAS ARMADAS	15.768.749.617	11,5%
Min. da Educação e do Desporto	10.602.073.629	7,7%
Min. da Fazenda	9.738.458.044	7,1%
Min. do Trabalho	8.463.321.869	6,2%
Min. dos Transportes	6.334.930.473	4,6%
Min. do Planejamento e Orçamento	5.946.294.130	4,3%
Min. da Agricultura e do Abastecimento	3.053.660.735	2,2%
Min. da Justiça	1.853.888.052	1,4%
Min. do Meio Ambiente, dos Rec. Hídr. e da Amaz. Legal	1.699.830.941	1,2%
Ministro Extraordinário de Política Fundiária	1.568.923.536	1,1%
Min. da Ciência e Tecnologia	1.205.695.674	0,9%
Min. da Indústria, do Comércio e do Turismo	1.016.204.944	0,7%
Min. das Comunicações	554.843.581	0,4%
Min. das Relações Exteriores	522.108.756	0,4%
Min. de Minas e Energia	364.654.715	0,3%
Min. da Cultura	259.401.960	0,2%
Min. da Administração Federal e Reforma do Estado	147.993.734	0,1%
Ministro Extraordinário dos Esportes	116.935.991	0,1%
Total	**137.117.925.074**	**100,0%**

Fonte: Ministério do Planejamento, Orçamento e Gestão.

Tabela 2.2

Dotação Orçamentária por Ministério no Âmbito do Executivo Federal, 1996.

Ministério	Gasto Total Executado	% Total Ministérios
Min. da Previdência e Assistência Social	47.418.366.568	41,1%
Min. da Saúde	14.376.084.102	12,5%
FORÇAS ARMADAS	14.145.357.611	12,3%
Min. da Educação e do Desporto	9.343.207.412	8,1%
Min. do Trabalho	7.252.149.312	6,3%
Min. da Fazenda	6.516.066.267	5,7%
Min. dos Transportes	3.536.367.326	3,1%
Min. do Planejamento e Orçamento	2.988.988.338	2,6%
Min. da Agricultura e do Abastecimento	2.440.677.020	2,1%
Min. da Justiça	1.596.140.630	1,4%
Ministro Extraordinário de Política Fundiária	1.421.130.443	1,2%
Min. do Meio Ambiente, dos Rec. Hídr. e da Amaz. Legal	1.171.075.401	1,0%
Min. da Ciência e Tecnologia	1.047.604.287	0,9%
Min. das Relações Exteriores	483.199.773	0,4%
Min. da Indústria, do Comércio e do Turismo	454.375.026	0,4%
Min. das Comunicações	448.359.163	0,4%
Min. de Minas e Energia	308.855.432	0,3%
Min. da Cultura	188.010.550	0,2%
Min. da Administração Federal e Reforma do Estado	89.774.598	0,1%
Ministro Extraordinário dos Esportes	57.526.707	0,0%
Total	115.283.315.966	100,0%

Fonte: Ministério do Planejamento, Orçamento e Gestão.

Tabela 3
Dotação Orçamentária por Ministério no Âmbito do Executivo Federal, 1997.

Ministério	Dotação Orçamentária	% Total Ministérios
Min. da Previdência e Assistência Social	52.322.251.322	36,8%
Min. da Saúde	20.233.614.418	14,2%
FORÇAS ARMADAS	15.937.137.164	11,2%
Min. do Trabalho	10.607.393.077	7,5%
Min. da Educação e do Desporto	10.376.412.913	7,3%
Min. da Fazenda	9.849.495.597	6,9%
Min. dos Transportes	5.530.091.043	3,9%
Min. da Agricultura e do Abastecimento	3.726.188.608	2,6%
Min. do Planejamento e Orçamento	3.085.319.338	2,2%
Ministro Extraordinário de Política Fundiária	2.597.954.286	1,8%
Min. do Meio Amb., dos Rec. Hídr. e da Amaz. Legal	1.885.333.647	1,3%
Min. da Justiça	1.848.472.243	1,3%
Min. da Ciência e Tecnologia	1.264.161.784	0,9%
Min. da Indústria, do Comércio e do Turismo	1.028.706.120	0,7%
Min. das Comunicações	570.534.264	0,4%
Min. das Relações Exteriores	471.690.549	0,3%
Min. de Minas e Energia	330.613.548	0,2%
Min. da Cultura	262.952.907	0,2%
Min. da Administração Federal e Reforma do Estado	123.566.162	0,1%
Ministro Extraordinário dos Esportes	120.797.648	0,1%
Total	**142.172.686.638**	**100,0%**

Fonte: Ministério do Planejamento, Orçamento e Gestão.

Tabela 3.1

Dotação Orçamentária mais Crédito Suplementar por Ministério no Âmbito do Executivo Federal, 1997.

Ministério	Dotação Orçamentária + Crédito Suplementar	% Total Ministérios
Min. da Previdência e Assistência Social	52.714.513.809	35,9%
Min. da Saúde	20.513.310.728	14,0%
FORÇAS ARMADAS	16.186.583.715	11,0%
Min. da Educação e do Desporto	10.859.867.356	7,4%
Min. do Trabalho	10.601.993.077	7,2%
Min. da Fazenda	10.449.392.192	7,1%
Min. dos Transportes	6.031.081.585	4,1%
Min. da Agricultura e do Abastecimento	4.094.604.459	2,8%
Min. do Planejamento e Orçamento	3.718.792.291	2,5%
Ministro Extraordinário de Política Fundiária	2.645.783.262	1,8%
Min. da Justiça	2.317.833.476	1,6%
Min. do Meio Amb., dos Rec. Hídr. e da Amaz. Legal	2.006.107.822	1,4%
Min. da Ciência e Tecnologia	1.312.606.341	0,9%
Min. da Indústria, do Comércio e do Turismo	1.098.405.792	0,7%
Min. das Comunicações	798.856.310	0,5%
Min. das Relações Exteriores	514.141.256	0,4%
Min. de Minas e Energia	381.527.172	0,3%
Min. da Cultura	276.478.502	0,2%
Ministro Extraordinário dos Esportes	140.541.008	0,1%
Min. da Administração Federal e Reforma do Estado	132.716.149	0,1%
Total	**146.795.136.302**	**100,0%**

Fonte: Ministério do Planejamento, Orçamento e Gestão.

Tabela 3.2

Gasto Total Executado por Ministério no Âmbito do Executivo Federal, 1997.

Ministério	Gasto Total Executado	% Total Ministérios
Min. da Previdência e Assistência Social	52.077.908.078	40,3%
Min. da Saúde	18.568.853.046	14,4%
FORÇAS ARMADAS	15.020.134.296	11,6%
Min. da Educação e do Desporto	9.642.718.857	7,5%
Min. do Trabalho	7.512.594.588	5,8%
Min. da Fazenda	6.836.589.839	5,3%
Min. dos Transportes	4.525.622.217	3,5%
Min. da Agricultura e do Abastecimento	3.192.632.624	2,5%
Min. do Planejamento e Orçamento	2.406.587.927	1,9%
Min. da Justiça	2.050.722.531	1,6%
Ministro Extraordinário de Política Fundiária	2.019.690.518	1,6%
Min. do Meio Amb., dos Rec. Hídr. e da Amaz. Legal	1.656.196.972	1,3%
Min. da Ciência e Tecnologia	1.082.880.791	0,8%
Min. da Indústria, do Comércio e do Turismo	718.543.474	0,6%
Min. das Comunicações	535.683.222	0,4%
Min. das Relações Exteriores	502.628.005	0,4%
Min. de Minas e Energia	330.499.872	0,3%
Min. da Cultura	204.293.605	0,2%
Ministro Extraordinário dos Esportes	96.874.328	0,1%
Min. da Administração Federal e Reforma do Estado	88.737.432	0,1%
Total	129.070.392.222	100,0%

Fonte: Ministério do Planejamento, Orçamento e Gestão.

Tabela 4

Dotação Orçamentária por Ministério no Âmbito do Executivo Federal, 1998.

Ministério	Dotação Orçamentária	% Total Ministérios
Min. da Previdência e Assistência Social	57.544.828.472	38,4%
Min. da Saúde	19.499.796.883	13,0%
FORÇAS ARMADAS	15.674.674.600	10,5%
Min. da Educação e do Desporto	10.596.258.681	7,1%
Min. do Trabalho	9.709.253.112	6,5%
Min. da Fazenda	9.396.620.698	6,3%
Min. dos Transportes	5.811.835.959	3,9%
Min. da Agricultura e do Abastecimento	3.762.499.343	2,5%
Min. do Planejamento e Orçamento	3.408.367.503	2,3%
Min. das Comunicações	3.161.651.781	2,1%
Min. da Justiça	2.998.035.356	2,0%
Ministro Extraordinário de Política Fundiária	2.244.838.978	1,5%
Min. do Meio Ambiente, dos Recursos Hídr. e da Amaz. Legal	2.145.813.793	1,4%
Min. da Ciência e Tecnologia	1.264.262.204	0,8%
Min. da Indústria, do Comércio e do Turismo	1.038.858.677	0,7%
Min. das Relações Exteriores	563.476.597	0,4%
Min. de Minas e Energia	468.313.889	0,3%
Min. da Cultura	273.997.735	0,2%
Min. da Administração Federal e Reforma do Estado	219.853.814	0,1%
Ministro Extraordinário dos Esportes	160.922.046	0,1%
Total	**149.944.160.121**	**100,0%**

Fonte: Ministério do Planejamento, Orçamento e Gestão.

Tabela 4.1

Dotação Orçamentária por Ministério no Âmbito do Executivo Federal, 1998.

Ministério	Dotação Orçamentária + Crédito Suplementar	% Total Ministérios
Min. da Previdência e Assistência Social	59.441.122.095	37,8%
Min. da Saúde	19.100.203.863	12,1%
FORÇAS ARMADAS	17.702.335.641	11,3%
Min. da Educação e do Desporto	11.303.916.656	7,2%
Min. do Trabalho	9.652.013.092	6,1%
Min. da Fazenda	9.376.093.028	6,0%
Min. dos Transportes	6.609.769.872	4,2%
Min. das Comunicações	5.023.311.478	3,2%
Min. do Planejamento e Orçamento	4.073.105.665	2,6%
Min. da Agricultura e do Abastecimento	3.835.556.460	2,4%
Min. da Justiça	2.580.210.532	1,6%
Ministro Extraordinário de Política Fundiária	2.353.918.978	1,5%
Min. do Meio Amb., dos Rec. Hídr. e da Amaz. Legal	2.234.367.669	1,4%
Min. da Ciência e Tecnologia	1.258.721.004	0,8%
Min. da Indústria, do Comércio e do Turismo	1.045.408.677	0,7%
Min. de Minas e Energia	581.124.493	0,4%
Min. das Relações Exteriores	563.350.963	0,4%
Min. da Cultura	264.328.156	0,2%
Ministro Extraordinário dos Esportes	160.922.046	0,1%
Min. da Administração Federal e Reforma do Estado	156.552.114	0,1%
Total dos Ministérios	**157.316.332.482**	**100,0%**

Fonte: Ministério do Planejamento, Orçamento e Gestão.

Tabela 4.2

Gasto Total Executado por Ministério no Âmbito do Executivo Federal, 1998.

Ministério	Realizado	% Total Ministérios
Min. da Previdência e Assistência Social	59.155.822.909	42,7%
Min. da Saúde	17.541.060.828	12,7%
FORÇAS ARMADAS	16.662.706.709	12,0%
Min. da Educação e do Desporto	10.272.058.273	7,4%
Min. do Trabalho	8.224.361.431	5,9%
Min. da Fazenda	6.822.803.727	4,9%
Min. dos Transportes	4.844.715.691	3,5%
Min. da Agricultura e do Abastecimento	2.928.446.418	2,1%
Min. do Planejamento e Orçamento	2.689.662.276	1,9%
Min. da Justiça	2.180.506.131	1,6%
Ministro Extraordinário de Política Fundiária	1.944.637.494	1,4%
Min. do Meio Ambiente, dos Recursos. Hídr. e da Amaz. Legal	1.698.164.209	1,2%
Min. da Ciência e Tecnologia	969.504.263	0,7%
Min. da Indústria, do Comércio e do Turismo	866.879.593	0,6%
Min. das Relações Exteriores	512.253.488	0,4%
Min. das Comunicações	475.330.078	0,3%
Min. de Minas e Energia	384.794.452	0,3%
Min. da Cultura	193.481.468	0,1%
Min. da Administração Federal e Reforma do Estado	125.028.823	0,1%
Ministro Extraordinário dos Esportes	113.619.013	0,1%
Total	138.605.837.274	100,0%

Fonte: Ministério do Planejamento, Orçamento e Gestão.

Tabela 5
Dotação Orçamentária por Ministério no Âmbito do Executivo Federal, 1999.

Ministério	Dotação Orçamentária	% Total Ministérios
Min. da Previdência e Assistência Social	64.549.023.618	42,0%
Min. da Saúde	19.555.360.852	12,7%
FORÇAS ARMADAS	17.546.155.349	11,4%
Min. da Educação	10.918.168.645	7,1%
Min. da Fazenda	9.822.139.817	6,4%
Min. do Trabalho e Emprego	8.519.571.051	5,5%
Min. dos Transportes	5.719.060.269	3,7%
Min. da Agricultura e do Abastecimento	4.018.046.185	2,6%
Min. da Justiça	2.320.610.191	1,5%
Secretaria Especial de Políticas Regionais	1.656.893.013	1,1%
Min. do Desenvolvimento, Indústria e Comércio Exterior	1.600.726.727	1,0%
Min. da Política Fundiária e do Desenv. Agrário	1.400.454.237	0,9%
Min. da Ciência e Tecnologia	1.056.330.151	0,7%
Secretaria Especial de Desenvolvimento Urbano	869.579.128	0,6%
Min. das Comunicações	694.916.465	0,5%
Min. do Meio Ambiente	647.909.597	0,4%
Min. do Planejamento, Orçamento e Gestão	581.578.916	0,4%
Min. de Minas e Energia	562.983.554	0,4%
Min. das Relações Exteriores	499.565.424	0,3%
Ministro Extraordinário de Projetos Especiais	487.164.375	0,3%
Min. do Esporte e Turismo	336.306.740	0,2%
Min. da Cultura	263.730.809	0,2%
Secretaria de Estado de Planejamento e Avaliação	213.307.272	0,1%
Min. da Integração Nacional	1.893	0,0%
Min. da Defesa	629	0,0%
Total	**153.839.584.907**	**100,0%**

Fonte: Ministério do Planejamento, Orçamento e Gestão.

Tabela 5.1
Dotação Orçamentária mais Crédito Suplementar por Ministério no Âmbito do Executivo Federal, 1999.

Ministério	Dotação Orçamentária + Crédito Suplementar	% Total Ministérios
Min. da Previdência e Assistência Social	66.159.059.299	40,5%
Min. da Saúde	20.770.180.805	12,7%
FORÇAS ARMADAS	17.031.429.742	10,4%
Min. da Educação	12.169.740.418	7,4%
Min. da Fazenda	10.508.880.570	6,4%
Min. do Trabalho e Emprego	9.026.072.800	5,5%
Min. dos Transportes	5.593.472.666	3,4%
Min. da Agricultura e do Abastecimento	4.103.157.117	2,5%
Min. da Justiça	2.529.720.251	1,5%
Min. do Desenv., Indústria e Comércio Exterior	2.067.338.927	1,3%
Min. da Defesa	1.905.806.714	1,2%
Secretaria Especial de Políticas Regionais	1.853.172.069	1,1%
Min. da Politica Fundiária e do Desenv. Agrário	1.688.572.191	1,0%
Min. da Ciência e Tecnologia	1.304.301.530	0,8%
Secretaria Especial de Desenvolvimento Urbano	897.200.611	0,5%
Min. do Planejamento, Orçamento e Gestão	859.327.891	0,5%
Min. da Integração Nacional	837.952.364	0,5%
Min. das Relações Exteriores	786.079.424	0,5%
Min. das Comunicações	775.045.792	0,5%
Min. do Meio Ambiente	733.000.049	0,4%
Min. de Minas e Energia	589.543.883	0,4%
Ministro Extraordinário de Projetos Especiais	437.456.691	0,3%
Min. do Esporte e Turismo	342.783.851	0,2%
Min. da Cultura	266.808.620	0,2%
Secretaria de Estado de Planejamento e Avaliação	139.058.925	0,1%
Total	**163.375.163.200**	**100,0%**

Fonte: Ministério do Planejamento, Orçamento e Gestão.

Tabela 5.2
Gasto Total Executado por Ministério no Âmbito do Executivo Federal, 1999.***

Ministério	Gasto Total Executado	% Total Ministérios
Min. da Previdência e Assistência Social	66.046.354.015	43,2%
Min. da Saúde	20.334.265.373	13,3%
FORÇAS ARMADAS	16.716.197.343	10,9%
Min. da Educação	11.524.980.331	7,5%
Min. do Trabalho e Emprego	8.449.373.888	5,5%
Min. da Fazenda	7.489.545.133	4,9%
Min. dos Transportes	4.298.907.803	2,8%
Min. da Agricultura e do Abastecimento	3.042.012.600	2,0%
Min. da Justiça	2.218.679.630	1,5%
Secretaria Especial de Políticas Regionais	1.617.516.237	1,1%
Min. da Política Fundiária e do Desenv. Agrário	1.496.554.820	1,0%
Min. do Desenv., Indústria e Comércio Exterior	1.461.119.879	1,0%
Min. da Defesa	1.152.916.060	0,8%
Min. da Ciência e Tecnologia	1.135.977.728	0,7%
Min. do Planejamento, Orçamento e Gestão	819.236.537	0,5%
Min. das Relações Exteriores	777.727.401	0,5%
Min. das Comunicações	713.619.741	0,5%
Min. da Integração Nacional	693.702.896	0,5%
Min. do Meio Ambiente	667.540.793	0,4%
Secretaria Especial de Desenvolvimento Urbano	654.563.918	0,4%
Min. de Minas e Energia	505.394.451	0,3%
Ministro Extraordinário de Projetos Especiais	380.278.530	0,2%
Min. do Esporte e Turismo	263.556.228	0,2%
Min. da Cultura	228.479.745	0,1%
Secretaria de Estado de Planejamento e Avaliação	139.048.435	0,1%
Total	**152.827.549.515**	**100,0%**

Fonte: Ministério do Planejamento, Orçamento e Gestão.

***Em 10 de junho de 1999, o Ministério da Defesa foi oficialmente criado, o Estado-Maior das Forças Armadas extinto, e os Ministérios da Marinha, do Exército e da Aeronáutica transformados em Comandos.

Tabela 6
Dotação Orçamentária por Ministério no Âmbito do Executivo Federal, 2000.

Ministério	Dotação Orçamentária + Crédito Suplementar	% Total Ministérios
Min. da Previdência e Assistência Social	75.552.882.847	39,6%
Min. da Saúde	23.544.545.044	12,3%
Min. da Defesa	21.731.141.998	11,4%
Min. da Educação	14.359.294.228	7,5%
Min. da Fazenda	13.204.117.394	6,9%
Min. do Trabalho e Emprego	10.425.294.687	5,5%
Min. dos Transportes	8.135.633.921	4,3%
Min. da Integração Nacional	5.198.575.153	2,7%
Min. da Agricultura e do Abastecimento	4.731.585.950	2,5%
Min. da Justiça	3.420.887.639	1,8%
Min. da Ciência e Tecnologia	1.972.380.592	1,0%
Min. do Desenvolvimento Agrário	1.848.231.746	1,0%
Min. do Planejamento, Orçamento e Gestão	1.655.914.296	0,9%
Min. do Desenv., Indústria e Comércio Exterior	1.053.050.906	0,6%
Min. do Meio Ambiente	893.418.000	0,5%
Min. das Comunicações	870.019.447	0,5%
Min. das Relações Exteriores	814.814.123	0,4%
Min. das Minas e Energia	753.366.100	0,4%
Min. do Esporte e Turismo	515.449.597	0,3%
Min. da Cultura	325.449.005	0,2%
Total	**191.006.052.673**	**100,0%**

Fonte: Ministério do Planejamento, Orçamento e Gestão.

Tabela 6.1
Dotação Orçamentária mais Crédito Suplementar por Ministério no Âmbito do Executivo Federal, 2000.

Ministério	Dotação Orçamentária + Crédito Suplementar	% Total Ministérios
Min. da Previdência e Assistência Social	51.478.053.001	37,5%
Min. da Saúde	16.421.901.692	12,0%
Min. da Defesa	15.768.749.617	11,5%
Min. da Educação e do Desporto	10.602.073.629	7,7%
Min. da Fazenda	9.738.458.044	7,1%
Min. do Trabalho	8.463.321.869	6,2%
Min. dos Transportes	6.334.930.473	4,6%
Min. do Planejamento e Orçamento	5.946.294.130	4,3%
Min. da Agricultura e do Abastecimento	3.053.660.735	2,2%
Min. da Justiça	1.853.888.052	1,4%
Min. do Meio Ambiente, dos Rec. Hídr. e da Amaz. Legal	1.699.830.941	1,2%
Ministro Extraordinário de Política Fundiária	1.568.923.536	1,1%
Min. da Ciência e Tecnologia	1.205.695.674	0,9%
Min. da Indústria, do Comércio e do Turismo	1.016.204.944	0,7%
Min. das Comunicações	554.843.581	0,4%
Min. das Relações Exteriores	522.108.756	0,4%
Min. de Minas e Energia	364.654.715	0,3%
Min. da Cultura	259.401.960	0,2%
Min. da Administração Federal e Reforma do Estado	147.993.734	0,1%
Ministro Extraordinário dos Esportes	116.935.991	0,1%
Total	**137.117.925.074**	**100,0%**

Fonte: Ministério do Planejamento, Orçamento e Gestão.

Tabela 6.2
Gasto Total Executado por Ministério no Âmbito do Executivo Federal, 2000.

Ministério	Gasto Total Executado	% Total Ministérios
Min. da Previdência e Assistência Social	75.214.447.045	42,8%
Min. da Saúde	22.699.254.125	12,9%
Min. da Defesa	20.754.679.222	11,8%
Min. da Educação	13.385.729.304	7,6%
Min. do Trabalho e Emprego	9.905.536.621	5,6%
Min. da Fazenda	7.981.478.395	4,5%
Min. dos Transportes	5.431.123.145	3,1%
Min. da Integração Nacional	4.552.683.623	2,6%
Min. da Agricultura e do Abastecimento	3.789.413.885	2,2%
Min. da Justiça	3.082.573.716	1,8%
Min. da Ciência e Tecnologia	1.649.094.750	0,9%
Min. do Desenvolvimento Agrário	1.560.817.154	0,9%
Min. do Planejamento, Orçamento e Gestão	1.475.948.256	0,8%
Min. das Relações Exteriores	838.536.024	0,5%
Min. do Desenv., Indústria e Comércio Exterior	833.008.470	0,5%
Min. das Comuicações	728.486.819	0,4%
Min. Meio Ambiente	659.229.041	0,4%
Min. de Minas e Energia	543.091.149	0,3%
Min. do Esporte e Turismo	386.851.405	0,2%
Min. da Cultura	271.079.134	0,2%
Total	**175.743.061.283**	**100,0%**

Fonte: Ministério do Planejamento, Orçamento e Gestão.

Tabela 7
Dotação Orçamentária por Ministério no Âmbito do Executivo Federal, 2001.

Ministério	Dotação Orçamentária	% Total Ministérios
Min. da Previdência e Assistência Social	84.779.384	40,9%
Min. da Saúde	26.054.951	12,6%
Min. da Defesa	20.168.126	9,7%
Min. da Educação	16.163.901	7,8%
Min. da Fazenda	12.218.704	5,9%
Min. do Trabalho e Emprego	11.441.865	5,5%
Min. dos Transportes	7.718.133	3,7%
Min. da Integração Nacional	5.478.301	2,6%
Min. da Agricultura, Pecuária e Abastecimento	5.247.516	2,5%
Min. da Justiça	3.898.480	1,9%
Min. da Ciência e Tecnologia	2.551.780	1,2%
Min. das Comunicações	2.070.259	1,0%
Min. do Desenvolvimento Agrário	1.926.827	0,9%
Min. do Planejamento, Orçamento e Gestão	1.421.208	0,7%
Min. das Minas e Energia	1.222.582	0,6%
Min. do Meio Ambiente	1.208.041	0,6%
Min. do Desenvolvimento, Indústria e Comércio Exterior	1.120.081	0,5%
Min. do Público da União	830.946	0,4%
Min. do Esporte e Turismo	829.768	0,4%
Min. das Relações Exteriores	766.746	0,4%
Min. da Cultura	339.189	0,2%
Total	**207.456.788**	**100,0%**

Fonte: Ministério do Planejamento, Orçamento e Gestão.

Tabela 7.1

Dotação Orçamentária mais Crédito Suplementar por Ministério no Âmbito do Executivo Federal, 2001.

Ministério	Dotação Orçamentária + Crédito Suplementar	% Total Ministérios
Min. da Previdência e Assistência Social	86.777.470	39,3%
Min. da Saúde	27.211.001	12,3%
Min. da Defesa	25.485.700	11,5%
Min. da Educação	16.760.032	7,6%
Min. da Fazenda	12.587.059	5,7%
Min. do Trabalho e Emprego	11.817.491	5,3%
Min. dos Transportes	8.066.401	3,6%
Min. da Integração Nacional	6.956.364	3,1%
Min. da Agricultura, Pecuária e Abastecimento	6.276.028	2,8%
Min. da Justiça	3.720.324	1,7%
Min. da Ciência e Tecnologia	2.577.331	1,2%
Min. das Comunicações	2.331.370	1,1%
Min. do Desenvolvimento Agrário	2.002.849	0,9%
Min. do Planejamento, Orçamento e Gestão	1.508.194	0,7%
Min. das Minas e Energia	1.284.219	0,6%
Min. do Meio Ambiente	1.248.137	0,6%
Min. do Desenvolvimento, Indústria e Comércio Exterior	1.246.706	0,6%
Min. das Relações Exteriores	1.007.041	0,5%
Min. Público da União	945.294	0,4%
Min. do Esporte e Turismo	833.593	0,4%
Min. da Cultura	365.589	0,2%
Total	221.008.193	100,0%

Fonte: Ministério do Planejamento, Orçamento e Gestão.

Tabela 7.2

Gasto Total Executado por Ministério no Âmbito do Executivo Federal, 2001.

Ministério	Gasto Total Executado	% Total Ministérios
Min. da Previdência e Assistência Social	86.250.765	42,6%
Min. da Saúde	26.135.923	12,9%
Min. da Defesa	25.555.906	12,6%
Min. da Educação	14.485.011	7,1%
Min. do Trabalho e Emprego	11.650.112	5,8%
Min. da Fazenda	7.877.812	3,9%
Min. dos Transportes	6.416.437	3,2%
Min. da Integração Nacional	5.589.394	2,8%
Min. da Agricultura, Pecuária e Abastecimento	3.757.016	1,9%
Min. da Justiça	3.440.410	1,7%
Min. da Ciência e Tecnologia	2.078.488	1,0%
Min. do Desenvolvimento Agrário	1.704.119	0,8%
Min. do Planejamento, Orçamento e Gestão	1.399.700	0,7%
Min. das Relações Exteriores	1.012.233	0,5%
Min. do Meio Ambiente	946.132	0,5%
Min. Público da União	934.188	0,5%
Min. das Minas e Energia	834.636	0,4%
Min. das Comunicações	817.042	0,4%
Min. do Desenvolvimento, Indústria e Comércio Exterior	769.841	0,4%
Min. do Esporte e Turismo	621.353	0,3%
Min. da Cultura	318.380	0,2%
Total	**202.594.898**	**100,0%**

Fonte: Ministério do Planejamento, Orçamento e Gestão.

Tabela 8
Dotação Orçamentária por Ministério no Âmbito do Executivo Federal, 2002.

Ministério	Dotação Orçamentária	% Total Ministérios
Min. da Previdência e Assistência Social	95.211.733	40,2%
Min. da Saúde	28.551.448	12,0%
Min. da Defesa	26.205.559	11,1%
Min. da Educação	17.421.388	7,3%
Min. do Trabalho e Emprego	14.167.628	6,0%
Min. da Fazenda	12.286.527	5,2%
Min. dos Transportes	8.919.680	3,8%
Min. da Integração Nacional	6.835.047	2,9%
Min. da Agricultura, Pecuária e Abastecimento	5.184.952	2,2%
Min. da Justiça	3.676.230	1,6%
Min. do Planejamento, Orçamento e Gestão	3.456.366	1,5%
Min. das Comunicações	2.792.179	1,2%
Min. da Ciência e Tecnologia	2.582.539	1,1%
Min. do Desenvolvimento Agrário	2.323.025	1,0%
Min. do Meio Ambiente	1.604.812	0,7%
Min. das Minas e Energia	1.568.384	0,7%
Min. do Desenvolvimento, Indústria e Comércio Exterior	1.197.960	0,5%
Min. das Relações Exteriores	974.819	0,4%
Mini. do Esporte e Turismo	784.602	0,3%
Min. da Cultura	391.277	0,2%
Total	237.056.174	100,0%

Fonte: Ministério do Planejamento, Orçamento e Gestão.

Tabela 8.1

Dotação Orçamentária mais Crédito Suplementar por Ministério no Âmbito do Executivo Federal, 2002.

Ministério	Dotação Orçamentária + Crédito Suplementar	% Total Ministérios
Min. da Previdência e Assistência Social	100.230.875	39,6%
Min. da Saúde	29.925.813	11,8%
Min. da Defesa	29.004.079	11,5%
Min. da Educação	18.261.210	7,2%
Min. do Trabalho e Emprego	15.410.472	6,1%
Min. da Fazenda	12.999.075	5,1%
Min. dos Transportes	10.880.190	4,3%
Min. da Integração Nacional	7.346.671	2,9%
Min. da Agricultura, Pecuária e Abastecimento	5.486.246	2,2%
Min. da Justiça	4.210.780	1,7%
Min. das Minas e Energia	3.013.377	1,2%
Min. das Comunicações	2.843.773	1,1%
Min. da Ciência e Tecnologia	2.835.307	1,1%
Min. do Desenvolvimento Agrário	2.227.903	0,9%
Min. do Planejamento, Orçamento e Gestão	1.720.719	0,7%
Min. do Meio Ambiente	1.661.618	0,7%
Min. do Desenvolvimento, Indústria e Comércio Exterior	1.338.906	0,5%
Min. das Relações Exteriores	1.278.837	0,5%
Min. do Esporte e Turismo	767.557	0,3%
Min. da Cultura	415.232	0,2%
Total	**252.990.595**	**100,0%**

Fonte: Ministério do Planejamento, Orçamento e Gestão.

Tabela 8.2

Gasto Total Executado por Ministério no Âmbito do Executivo Federal, 2002.

Ministério	Gasto Executado Total	% Total Ministérios
Min. da Previdência e Assistência Social	99.573.155	43,2%
Min. da Saúde	28.293.331	12,3%
Min. da Defesa	28.223.588	12,3%
Min. da Educação	16.659.310	7,2%
Min. do Trabalho e Emprego	15.099.065	6,6%
Min. da Fazenda	9.089.972	3,9%
Min. dos Transportes	7.449.373	3,2%
Min. da Integração Nacional	4.935.257	2,1%
Min. da Agricultura, Pecuária e Abastecimento	3.892.768	1,7%
Min. da Justiça	3.703.842	1,6%
Min. da Ciência e Tecnologia	2.078.688	0,9%
Min. do Desenvolvimento Agrário	1.828.638	0,8%
Min. das Minas e Energia	1.753.937	0,8%
Min. do Planejamento, Orçamento e Gestão	1.561.913	0,7%
Min. das Relações Exteriores	1.437.881	0,6%
Min. das Comunicações	973.828	0,4%
Min. do Meio Ambiente	968.058	0,4%
Min. do Desenvolvimento, Indústria e Comércio Exterior	925.604	0,4%
Min. do Esporte e Turismo	525.361	0,2%
Min. da Cultura	277.273	0,1%
Total	**230.374.439**	**100,0%**

Fonte: Ministério do Planejamento, Orçamento e Gestão.

A REGULARIDADE ORÇAMENTÁRIA

Os dados aqui apresentados divergem dos de Hunter (1997). A autora enxergou uma constante erosão no poder dos militares brasileiros pós-1985.[2] Afirmou que, com o passar do tempo, os militares se transformariam em "tigres de papel". Em termos orçamentários, sua análise era a de que ante o declínio do poder militar, o orçamento militar perderia importância. Deste modo, os políticos, mercê da competição eleitoral, usariam os fundos destinados aos militares para fins clientelísticos. E isto faria com que os gastos totais executados no período pós-1985 diminuíssem significativamente.

As vinte e quatro tabelas apresentadas mostram, todavia, uma regularidade nos gastos com os militares ao longo dos oito anos do governo FHC. Regularidade tanto no sentido de manutenção do terceiro lugar no *ranking* de execução orçamentária, bem como no acréscimo de dotação anual, e na efetiva execução orçamentária. E isto em uma época de crise fiscal do Estado brasileiro.

Além do mais, a execução do orçamento militar nos anos FHC foi sempre mais que o dobro da média da execução do Orçamento da União.[3] As verbas de suplementação também estão acima do dobro da média. O que demonstra a capacidade de organização e pressão dos militares sobre os responsáveis pela peça orçamentária.

Embora em termos de execução orçamentária, as Forças Armadas ocupem uma posição de destaque, nem tudo são flores. Este é o paradoxo. A maior parte dos gastos militares é usada

[2]Para esta mesma linha de raciocínio ver Tollefson (1995).

[3]A média anual da execução do Orçamento da União é obtida pela divisão entre o Gasto Total executado e o número de ministérios. Fica em torno de 5% ao ano.

para cobrir a folha de pagamentos que tem aumentado, sobretudo com aposentados. Isto significa que os gastos com investimento e custeio têm caído (Vaz, 2002). Daí a imagem de penúria das instituições militares ante a opinião pública. Urge uma reforma gerencial nas Forças Armadas, que como se sabe, o ministro Bresser Pereira não levou em consideração.

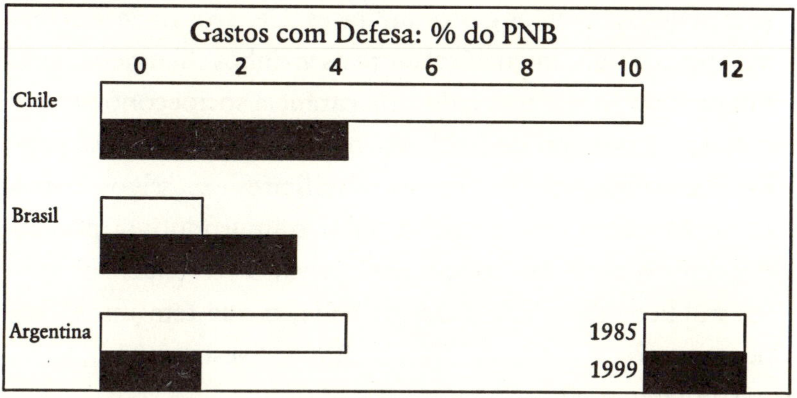

Fonte: International Institute for Strategic Studies.

Se a unidade de análise for a proporção do orçamento militar em relação ao PIB, observa-se que o gasto militar brasileiro cresceu em relação a 1985, início da transição democrática. Esta tendência é inversa à ocorrida no Chile e na Argentina, dois países que ainda não resolveram definitivamente a disputa sobre o Canal de Beagle. O Chile ainda enfrenta um contencioso com a Bolívia que, vez por outra, reivindica uma saída para o Pacífico. Por isto, advoga o retorno de território boliviano conquistado pelos chilenos. A diferença entre o Brasil, Chile e Argentina fica demonstrada no quadro acima.[4]

[4]*The Economist*, 27 de janeiro de 2001.

O Brasil, em 1995, recuperou a posição de maior importador de armas da América do Sul. De acordo com o Instituto de Estudos Estratégicos de Londres, os gastos militares brasileiros, em milhões de dólares a preços de 1995, foi da seguinte ordem: 1992 / 6,002; 1993 / 7,415; 1994 / 8,452; 1995 / 8,741; 1996 / 10,377; 1997 / 11,247. Note-se como FHC tem sido generoso com os gastos militares. Generosidade, em termos percentuais, inigualável entre os vizinhos sul-americanos. Em um continente marcado pela carência socioeconômica, o então diretor-geral do FMI, Michel Candessus assim se pronunciou sobre o tema: "os gastos militares excessivos, como qualquer outro tipo de gasto público improdutivo, podem deprimir o nível de investimento privado ou reduzir os gastos públicos de maior produtividade, o que tem um efeito negativo no crescimento" (Rocha, 1998). Neste assunto, FHC não ouviu o FMI.

Curiosamente, o Brasil tinha um efetivo de 276.000 homens ao final do governo do general Figueiredo. Quinze anos depois, a tropa cresceu para 313.000 homens, um aumento em torno de 13%. Estranho paradoxo: diminuem as ameaças externas, mas os quatro presidentes civis (1985-2000) aumentaram o número de fardados. Difícil entender tais números se a orientação das Forças Armadas fosse unicamente a defesa da segurança externa do país. Mas, como já vimos, constitucionalmente as Forças Armadas têm papel de destaque na manutenção da segurança interna, também conhecida por segurança pública.

Efetivos Militares

	1985	2000	variação
Brasil	276.000	313.250	+13,0%
Colômbia	66.200	146.300	+120,0%
Venezuela	49.000	79.000	+61,0%
Argentina	108.000	73.000	–33,0%
Chile	101.000	94.500	–7,0%
Peru	128.000	125.000	–2,5,0%

Fonte: Secco (2000).

Visto comparativamente, nota-se que afora o Brasil, também Colômbia e Venezuela tiveram uma variação positiva. Contudo, a Colômbia encontra-se em guerra civil e a Venezuela possui litígio fronteiriço e é governada por militar da reserva que tentou derrubar, por duas vezes, um governo constitucional. Até o Peru que enfrenta problemas com o *Sendero Luminoso* e disputa territorial com o Equador, teve uma variação negativa no número de fardados.

4

Militarização da Segurança Pública: A contribuição de Fernando Henrique Cardoso

Democrácia Grega

≠

Democracia liberal → estabelece direitos as minorias

Ninguém caminha para o futuro andando para trás.

Joseph Herfesheimer

O CONCEITO DE MILITARIZAÇÃO DA SEGURANÇA PÚBLICA

Na outrora Europa Oriental o controle civil sobre os militares era civil, mas não democrático, i.e., os militares estavam submetidos ao controle dos Partidos Comunistas. O desafio das transições do autoritarismo comunista para a democracia foi o de despolitizar os militares (Barany, 1997). Na América Latina, via de regra, não há controle civil nem democrático sobre os militares.[1] Deste modo, as transições latino-americanas procuram desmilitarizar a política, tentando levar os militares a se concentrarem em sua atividade profissional extroversa, ou seja, defesa das fronteiras do Estado.

[1]Até a recente vitória de Vicente Fox, as Forças Armadas mexicanas eram controladas pelo partido hegemônico, o PRI. Costa Rica não possui Forças Armadas.

Entenda-se por militarização o processo de adoção e uso de modelos militares, conceitos, doutrinas, procedimentos e pessoal em atividades de natureza civil, dentre elas a segurança pública (Cerqueira, 1998). Deste modo, os paramilitares colombianos são forças civis militarizadas enquanto o Exército de Israel são forças militares civilianizadas (Meir, 1995). A militarização é crescente quando os valores do Exército aproximam-se dos valores da sociedade. Conseqüentemente, quanto maior o grau de militarização, mais tais valores se superpõem. E isto influi no modo como as instituições coercitivas se organizam para produzir violência. A retórica vigente é a de "guerra" às drogas e de "combate" aos delinqüentes, através do uso de "forças tarefas".

À medida que aumenta o descrédito da população em relação ao desempenho das polícias, mais os governantes se sentem pressionados a solicitar ajuda aos militares federais no combate à criminalidade. Desde logo, ressaltem-se os perigos que esta política de militarização da segurança pública pode acarretar. Aumenta e fortalece as prerrogativas militares em um contexto de debilidade do controle civil; expõe as Forças Armadas a casos de corrupção, danificando a eficiência da instituição bem como sua legitimidade; desprofissionaliza os militares que mesmo em nome da segurança nacional passam a fazer papel de polícia incluindo os serviços de inteligência militares, e forma-se um ciclo vicioso: verbas que poderiam ser usadas para reequipar as forças policiais são direcionadas para as Forças Armadas.

Vamos, a seguir, mostrar uma faceta do comportamento do presidente Fernando Henrique Cardoso, que mostra como ele, na maioria das vezes, não necessitou levar em consideração sua base parlamentar para tomar decisões.[2] Ou seja, tais iniciativas são primordialmente de inspiração do Executivo que é, por definição, o comandante-em-chefe das Forças Armadas.[3] Refiro-me à militarização da segurança pública. Obviamente, este fenômeno não está circunscrito a FHC, pois contempla políticos das mais diferentes matizes ideológicas.

A seguir, faremos uma lista da contribuição regular de FHC para o aumento do poder militar nos assuntos de segurança pública. Lembrando que há uma incompatibilidade entre a militarização da segurança pública e o aprofundamento da democracia. A democracia não costuma apelar para a força militar para resolver questões de natureza civil. Regimes autoritários, por sua vez, tratam de militarizar os conflitos de natureza social. Ou seja, questões de segurança pública tornam-se assuntos de segurança nacional.[4]

PADRÃO DE REGULARIDADE

A lista abaixo é uma prova de que a presença militar em assuntos de segurança pública não se dá ocasionalmente. Muito pelo contrário, é algo regular. E mais, tal presença é aceita politicamente, socialmente e culturalmente.

[2]Pelo presidencialismo de coalizão, o presidente tem que ceder em alguns pontos para manter sua base parlamentar, e conseguir aprovar seus projetos no Congresso.

[3]Como as Polícias Militares (PMs) são força auxiliar do Exército, prática inexistente no mundo democrático, as PMs também têm no presidente da República o seu comandante-mor.

[4]O senador Antônio Carlos Magalhães vem, desde 1995, defendendo o emprego das Forças Armadas no combate à criminalidade. Alega que "o governo tem a obrigação de usar os militares para garantir a ordem e a segurança nacional". *Jornal do Senado*, n. 1.897, 19 de março de 2004.

1. FHC extinguiu a Secretaria de Planejamento de Ações Nacionais de Segurança Pública (Seplanseg).[5] Em seu lugar, através do Decreto no 2.315, de 4 de setembro de 1997, criou a Secretaria Nacional de Segurança Pública (Senasp), dirigida pelo General Gilberto Serra.[6] O general da reserva Dyonélio Morosini que estava à frente do Departamento de Assuntos de Segurança Pública, foi mantido. Portanto, os dois mais importantes órgãos de assessoramento federal na área de segurança pública encontravam-se, inicialmente, nas mãos de militares federais.

Esta situação foi alterada pelo novo ministro da Justiça, José Carlos Dias. Ele desmilitarizou a Senasp e nomeou para dirigi-la o delegado da Polícia Civil, José Oswaldo Vieira.[7] Seu antecessor, general Serra, não ficou ao relento e foi convidado pelo general Alberto Cardoso para ser o subsecretário da Secretaria Nacional Antidrogas (Senad). O secretário era, na época, o próprio general Cardoso. Temos, portanto, dois generais encarregados de um problema que é, também, de saúde pública.

Recorde-se de duas outras medidas que militarizaram o "combate" às drogas e, conseqüente, diminuição dos poderes da Polícia Federal neste tema. A criação do Conselho Nacional Antidrogas, presidido por um militar e vinculado ao Ministé-

[5]A Seplanseg foi criada através da Medida Provisória 813, de 1º de janeiro de 1995, mais tarde Lei n. 9.649, de 27 de maio de 1998.

[6]Serra acabara de sair da direção da Secretaria de Segurança Pública do governo de Cristóvam Buarque no Distrito Federal. Chegou à Senasp pelas mãos do então ministro da Justiça Nelson Jobim.

[7]Vieira chefiou o gabinete da Secretaria de Administração Penitenciária do governo Mário Covas.

rio do Gabinete de Segurança Institucional[8] em substituição ao Conselho Nacional Antidrogas de composição exclusivamente civil; bem como a extinção do Departamento de Entorpecentes da Secretaria Nacional de Segurança Pública e transferência de seu acervo patrimonial para a Senad.

Com a saída de Dias, o novo ministro, José Gregori, recolocou a Senasp nas mãos de um militar. Leia-se, coronel da reserva Pedro Alberto da Silva Alvarenga, indicado pelo general Alberto Cardoso. A Senasp foi reestruturada para comandar, a partir de junho de 2000, o recém-criado Plano Nacional de Segurança Pública.

A Ação 121 do PNSP estipula que seria estabelecido "no Conselho de Governo um Comitê de Acompanhamento e Integração de Programas Sociais, no âmbito da Câmara de Relações Exteriores e Defesa Nacional, a fim de integrar as políticas sociais do Governo Federal e desenvolver estratégias para incrementá-las, por intermédio de ações conjuntas". O presidente do mencionado comitê era outro militar. Tratava-se do secretário de Acompanhamento e Estudos Institucionais do Gabinete de Segurança Institucional da Presidência da República, o capitão-de-mar-e-guerrra José Alberto Cunha Couto. Pessoa da confiança, mais uma vez, do general Alberto Cardoso.

Desde 1985, nunca um general acumulou tantos poderes como os de Alberto Cardoso, na área de segurança pública. Por exemplo, embora a Senasp seja órgão do Ministério da Justiça, o presidente da Confederação Israelita do Brasil, Jack Terpins, recorreu à real fonte de poder: o ministro do Gabi-

[8]O Secretário Nacional Antidrogas substitui o presidente do Conselho Nacional Antidrogas em suas ausências e impedimentos.

nete de Segurança Institucional. Preocupado com possíveis atentados contra instituições judaicas, foi tranqüilizado pelo general Alberto Cardoso.[9] Em outros tempos, a Polícia Federal seria a instituição a ser contatada.

2. Em 1999, FHC quebrou uma tradição. Desde 1990, quando a Polícia Rodoviária Federal passou a integrar a estrutura organizacional do Ministério da Justiça, como Departamento de Polícia Rodoviária Federal (PRF), ela sempre foi comandada por civis. Contudo, em 1999, o presidente nomeou outro homem de confiança do general Cardoso, o general da reserva Álvaro Henrique Viana de Moraes que permaneceu até o início do governo Lula.[10]

Antes disto, na administração do então ministro do Exército, general Zenildo Lucena, foi inaugurada a Escola de Inteligência do Exército (EsIMEx). Esta escola que funciona no setor militar urbano de Brasília além de atender aos oficiais das três forças também treina policiais rodoviários (Antunes, 2002).

O art. 144, § 2º da Constituição Federal estipula que a Polícia Rodoviária Federal "destina-se, na forma da lei, ao patrulhamento ostensivo das rodovias federais". Sua função é, portanto, o policiamento de trânsito. No entanto, o general Moraes colocou a PRF para ser mais uma polícia no combate às drogas consoante com a visão do general Cardoso. Transformou, portanto, o que era atividade meio em atividade fim.[11]

[9] "General Alberto Cardoso recebe presidente da Conib", *Folha de S. Paulo*, 11 de abril de 2002.
[10] Foi afastado por supostas irregularidades.
[11] Entrevista do autor com o inspetor Leucio Lúcio Cavalcante, ex-superintendente da Polícia Rodoviária Federal em Pernambuco. Recife, 15 de agosto de 2003.

Criou, inclusive, o SOE (Serviços de Operações Especiais), para ações fora das estradas. A PRF chegou a ponto de pedir permissão de pernoite para seu helicóptero à sede da Polícia Federal em Salgueiro, Pernambuco. Sem comunicar a esta polícia que no dia seguinte sairia no encalço de traficantes. O helicóptero terminou sendo alvejado pelos delinqüentes, um policial rodoviário saiu gravemente ferido, e a Polícia Federal saiu em socorro de seus colegas policiais rodoviários, que deviam estar policiando as estradas federais.

A Polícia Rodoviária Federal possui estética civil embora seja fardada. O general Moraes trouxe vários colaboradores militares, e com eles seus valores castrenses. A continência deixou de ser um mero gesto de cumprimento, para se transformar em sinal de hierarquia. Quando se deslocava de helicóptero, o general exigia o perfilamento dos policiais rodoviários à semelhança do que ocorre nos quartéis do Exército. Também introduziu uma nova prática. Do mesmo modo, como nos quartéis militares federais, transferiu policial de um estado para outro seja como prêmio ou punição.

3. O ministro da Justiça Renan Calheiros tentou conter a ingerência do general Alberto Cardoso, então Chefe da Casa Militar da Presidência da República, na seara da Polícia Federal no âmbito do combate ao tráfico de drogas. O general patrocinara a nomeação do delegado João Batista Campelo para diretor da Polícia Federal. Campelo era ligado aos serviços de informação e às atividades de repressão durante o regime militar (Freitas, 1999). Antes de tomar posse, por três dias, Campelo foi acusado pelo ex-padre José Antônio Monteiro.

Ele sustentou ter sido pendurado num pau-de-arara por Campelo, em 1970, acusando-o assim de tortura.

Pressionado, FHC demitiu Campelo. Através de um bilhete redigido de próprio punho, o general Cardoso enviou um fax ao governador de Roraima, Neudo Campos, com o seguinte teor: "Prezado governador, cumprimento-o pela decisão de convidar novamente o delegado Campelo para o cargo de secretário de Segurança. Respeitosamente, Alberto Cardoso".[12] Um ministro de Estado elogiou um torturador. Torturar é proibido em Brasília, mas em Roraima é digno de encômios. Em vez de o general Cardoso ter sido afastado do cargo, quem pagou o preço do desgaste foi o ministro Calheiros.

Calheiros caiu e assumiu o novo ministro da Justiça, José Carlos Dias. Antes de ser nomeado, Dias sentiu o peso do general Cardoso. É que o general queria retirar do Ministério da Justiça as atribuições relativas à segurança pública. Dias não concordou e avisou que se prevalecesse a opinião do general, não assumiria o ministério. FHC em um telefonema para Dias afirmou: "não admito que se divida o Ministério da Justiça, e você será o ministro".[13]

Mesmo assim, o general Cardoso não desistiu. E Dias atritou-se com o mesmo pelo fato dele almejar diminuir, tal como fizera com Calheiros, a influência castrense no âmbito da Polícia Federal. A disputa se dava novamente em torno da tentativa da Senad de enfraquecer a Polícia Federal, ganhando primazia no combate ao narcotráfico, catapultando sua visão

[12]"Bilhete revela proximidade entre general e delegado", *O Estado de S. Paulo*, 25 de junho de 1999; "Campelo ganha apoio da Abin", *Jornal do Brasil*, 24 de junho de 1999.

[13]Entrevista de José Carlos Dias com o autor. São Paulo, 30 de outubro de 2000.

militar sobre o assunto.[14] A Senad queria ter acesso às informações sigilosas coletadas pela Polícia Federal. Esta, por sua vez, não vê razão para dividir poderes.

A liça chegou a ponto do ministro Dias denunciar que uma operação sigilosa da Polícia Federal na fronteira com a Bolívia vazara à imprensa, pondo em risco a vida dos policiais. O ministro suspeitou que isto fora obra do subordinado do general Cardoso, Walter Maierovitch, seu inimigo pessoal.[15] Dias deixou o cargo e em nota oficial distribuída pelo Ministério da Justiça, afirmou que o motivo de sua saída foi "a disputa entre o ministério e os militares da Secretaria Nacional Antidrogas pelo controle da Polícia Federal e pelo combate ao narcotráfico".[16]

Logo em seguida, Maierovitch saiu da Senad, e com ele a linha inovadora introduzida pela política européia no trato dos dependentes de drogas. FHC optou por aderir ao modelo norte-americano militarizado e criminalizante.[17] Tanto é que um general assumiu a direção da Senad, e ficou até o final do mandato de FHC.

[14]Ao criar a Senad, FHC se comprometeu em caráter internacional no combate às drogas. Tanto é que, em 24 de agosto de 1999, o general Cardoso e o diretor do Escritório Nacional para a Política de Controle de Drogas dos EUA, general Barry McCaffrey, assinaram acordo pelo qual a Senad passou a coordenar todo o trabalho no Brasil das agências norte-americanas de combate às drogas (Lana, 1999). Ou seja, FHC, de uma maneira ou outra, criou um poder paralelo à Polícia Federal.

[15]Maierovitch negou veemente a acusação. Entrevista com o autor. Recife, 18de julho de 2003.

[16]"Dias insinua que FH se aliou 'à direita'", *Jornal do Brasil*, 12 de abril de 2000.

[17]FHC solicitou a aprovação da lei criminalizando o porte de drogas para uso próprio. Assim como adotou o modelo norte-americano dos Tribunais para Usuários e Dependentes Químicos, com tratamento obrigatório sob pena de condenação criminal (Maierovitch, 2003).

Dois civis, Dias e Maierovitch, foram afastados de seus cargos, mas o general Cardoso continuou firme e forte. É que ele falava pelo presidente Fernando Henrique. Como já mencionado, FHC, em 1998, comprometeu-se internacionalmente com a criação da Senad como modo de atuar na luta contra o tráfico de drogas. E, além do mais, FHC tinha mais confiança nos militares da Senad do que no corporativismo da Polícia Federal. Segundo o general, "constitucionalmente, o órgão policial que executa a repressão é a Polícia Federal, mas sempre que ela precisar trabalhar em conjunto com outros órgãos nacionais ou internacionais, precisará ter a coordenação da secretaria" (Pulitti, 2000). Por trás desta disputa, estava e está a visão militar de que o combate ao tráfico de drogas deixou de ser um problema de segurança pública para se tornar uma questão de segurança nacional. Se for uma questão de segurança nacional, cabe aos militares se responsabilizar por ela. Até porque os militares acham que a corrupção campeia nos quadros das polícias. Isto explicaria o fato da Senad estar subordinada ao Gabinete de Segurança Institucional, e não ao Ministério da Justiça ou da Saúde. FHC, portanto, rumou no mesmo caminho do presidente mexicano Ernesto Zedillo (1994-2000).[18] Para a satisfação dos Estados Unidos.

4. A ascendência militar na área de narcóticos pode ser sentida durante a Operação Mandacaru realizada no estado de Pernambuco numa área conhecida como "Polígono da Maco-

[18]Curiosamente, seus sucessores, Vicente Fox e Lula, não alteraram esta visão.

nha".[19] Iniciada no final de novembro de 1999 e comandada pelo general Gilberto Serra, a operação custou a bagatela de R$ 7,5 milhões. Helicópteros voaram de Taubaté (São Paulo) e aeronaves da Aeronáutica chegaram de Santa Maria (Rio Grande do Sul). Um ano antes, o Ministério da Justiça rejeitou um projeto da Superintendência da Polícia Federal para combater o tráfico no valor de R$ 695 mil (Francisco, 1999).

Temendo vítimas, dado o despreparo das Forças Armadas para atividades de segurança pública, o governo optou por anunciar com antecedência a operação. Permitiu-se aos narcotraficantes mais poderosos tempo suficiente para fugir. O objetivo, segundo o governo, era mostrar a presença do Estado que seria complementada com programas econômicos alternativos às plantações de maconha. Para isto, segundo FHC, "o Banco do Nordeste e a Embrapa estão atuando fortemente na área" (Alves, 2000). Na prática, não surgiram tais programas, nem as agências estatais deram continuidade ao apoio inicial. Ou seja, a situação na região, após a Operação Mandacaru, neste aspecto, não foi alterada.

Uma verdadeira operação de guerra. Apesar de toda a parafernália, o tráfico continuou a imperar na região. Tanto é que o general Serra voltou à região no dia 20 de março de 2001 para acompanhar de perto as investigações sobre as ligações telefônicas feitas a partir da Secretaria de Saúde da cidade de Salgueiro (PE). De lá partiram ligações para cidades situadas na rota do tráfico internacional de cocaína.[20]

[19]O "polígono" é formado pelas cidades de Floresta, Carnaubeira da Penha, Belém do S. Francisco, Cabrobó, Orocó, Salgueiro, Santa Maria da Boa Vista, Tacaratu, Petrolândia, Itacuruba, Caraíbas e Lagoa Grande.

[20]"General vai ao Sertão para acompanhar investigações", *Jornal do Commercio*, 17 de março de 2001.

O que, na verdade, diminuiu o tráfico de drogas e os assaltos nas estradas foi a inauguração de uma delegacia da Polícia Federal em Salgueiro.[21] Por sinal, uma delegacia com poucos agentes e parcas condições materiais para o tamanho da sua área de atuação. Decisão simples sem necessitar de gastos tão vultosos como o da mencionada operação militar.

5. Em junho de 2000, as relações entre o governador de Minas Gerais, Itamar Franco, e o presidente Fernando Henrique, azedaram de vez. Irritado com a decisão presidencial de privatizar Furnas, Itamar, que já ameaçara desviar os cursos do rio, teria declarado, segundo seu assessor especial, Alexandre Dupeyrat, que tropas federais invadiriam Minas. Para este fito, unidades das Forças Armadas estariam sendo treinadas no Vale da Ribeira, em São Paulo, usando armamentos de última geração (Huamany e Vasconcelos, 2000).

Itamar determinou o recrudescimento de operações de treinamento da Polícia Militar na área de Furnas, contra um possível ataque federal que nunca se concretizou. Na eventualidade da rivalidade escalar a ponto de um conflito armado, Itamar sentiria o peso do Exército sobre a PM. É que por lei, o presidente da República pode convocar a PM para ficar sob ordem federal. Seu comando passaria a obedecer à autoridade máxima do Exército no estado. De fato, em cada estado brasileiro, há uma autoridade do Exército, numa unidade militar federal específica, designada a controlar a PM local em caso de ordem do presidente da República.

[21] Entrevistas com policiais federais desta delegacia com o autor. Salgueiro, 15 de janeiro de 2004.

Sentindo-se fragilizado, Itamar voltou a adotar comportamento similar ao empregado na sua época de presidente da República: nomeou general para posição política. Em maio de 1993, nomeou o general Romindo Canhim, para substituir a ministra da Administração Federal, Luiza Erundina, como forma de agradar militares insatisfeitos com os salários bem como de intimidar sindicatos em campanha salarial.

Agora, em fevereiro de 2000, nomeou o general Carlos Patrício de Freitas para secretário de administração.[22] Era uma tentativa de mostrar a FHC que ele, também, tinha o apoio de militares federais na resolução de uma questão de segurança pública. Itamar e FHC: dois lados de uma mesma moeda.

6. A celebração dos quinhentos anos de descobrimento do Brasil foi um retrato fiel da militarização da segurança pública. Realizada em Porto Seguro, Bahia, o esquema de segurança da comitiva presidencial foi supervisionado pelo general Alberto Cardoso. Em parceria com o ministro da Defesa, Geraldo Quintão. Este enviou para o sul da Bahia, o Batalhão da Guarda Presidencial responsável pela segurança dos Palácios da Alvorada e do Planalto.[23] Uma verdadeira operação de guerra para enfrentar manifestações sociais. As forças policiais entraram, apenas, como apêndice do aparato castrense.[24]

[22]"Itamar Franco nomeia general", *Jornal do Brasil*, 24 de fevereiro de 2000.
[23]"Exército fará segurança de FH", *O Globo*, 20 de abril de 2000.
[24]Segundo Oltramari (2000), o governo federal gastou R$ 1,7 milhão com as ações da Marinha, do Exército e da Aeronáutica. Gastos maiores do que todo o orçamento do Programa de Assistência a Vítimas e Testemunhas Ameaçadas (R$ 1,1 milhão), do Ministério da Justiça, previsto para o ano de 2000. Esta cifra equivale a 77% do total que o governo pretendeu gastar com o Programa de Saúde da Criança e Aleitamento Materno (R$ 2,2 milhões), do Ministério da Saúde, até dezembro de 2000.

O general Cardoso deu ordem para que nenhum manifestante entrasse em Porto Seguro. A operação foi coordenada pelo 6º Comando da Região Militar do Exército em Salvador, e contou com a ajuda de homens da Polícia Rodoviária Federal, Polícia Federal, Corpo de Bombeiros, Polícia Militar e Polícia Civil. Para defender o presidente dos "inimigos", tropas de elite do Exército fizeram a segurança dos locais reservados aos chefes de Estado do Brasil e do Exterior. A Aeronáutica, por sua vez, controlou os aeroportos e a Marinha os mares da região (Giraldi e Carneiro, 2000).

O que era para ser uma festa terminou em pancadaria e das grossas. Em especial contra os índios. Inconformado com a repressão, o presidente da Fundação Nacional do Índio (Funai), Carlos Marés, pediu demissão. E saiu atirando, como por exemplo: "ou ele (Fernando Henrique) se omitiu ou achou que o jeito certo de fazer segurança de um evento sociocultural era com força militarizada"; "o tratamento que o Governo dedicou à festa eu não havia visto nem na ditadura. Só vi algo parecido em 1968, na repressão ao movimento estudantil" (Mendes, 2000).

7. Chefiada pelo general Cardoso, a Casa Militar ganhou tantas atribuições que foi preciso, pela primeira vez na história republicana, a indicação de um general-de-brigada para ajudar o então general-de-divisão Cardoso. Afinal, além de fazer a segurança presidencial, o general Cardoso chefiou a Senad e a Subsecretaria de Inteligência, embrião da futura Agência Brasileira de Inteligência (Abin), era o Secretário-Executivo do Conselho de Defesa Nacional (CDN), e da Câmara de Relações Exteriores e Defesa Nacional, além de ter acompanhado, em nome do governo, a greve das Polícias

Militares estaduais, em 1997, tarefa de competência do Ministério da Justiça.

Com a criação do Ministério da Defesa, o general Cardoso perdeu seu *status* de ministro de Estado. Por pouco tempo. Tempo de chegarem à mídia detalhes sobre o "escândalo do grampo" envolvendo o presidente do BNDES, o ministro das Comunicações e o presidente da República, durante o período que antecedeu a privatização da Telebrás.

A solução presidencial, para evitar atrito com os militares, foi restituir ao general Cardoso a posição de Ministro de Estado. O cargo de Ministro de Estado Chefe do Gabinete de Segurança Institucional da presidência da República (GSI) passou a ser de natureza militar e privativo de oficial-general das Forças Armadas. Deste modo, nenhum civil ou militar estadual pode ocupar este ministério. Esta situação perdura no governo Lula.

A militarização do GSI seguiu ladeira abaixo. De acordo com o Decreto n. 4.692, de 8 de maio de 2003, o provimento de cargos do GSI obedece às seguintes diretrizes (Art. 16°): o de Subchefe Militar será ocupado por Oficial-General da ativa, em princípio, de primeiro posto; os de Diretor de Departamento e os de Assessor Especial Militar da Subchefia Militar serão ocupados por Oficiais Superiores das Forças Armadas, do último posto; os de Coordenador-Geral, os de Assessor Militar e os de Assessor Técnico Militar serão ocupados por Oficiais Superiores das Forças Armadas ou Forças Auxiliares;[25] os de Coordenador e os de Assistente Militar serão ocupados, em princípio, por Oficiais Intermediários das Forças Armadas ou das Forças Auxiliares; os de Assistente Técnico

[25]Polícias Militares e/ou Corpos de Bombeiros Militares.

Militar serão ocupados, em princípio, por Oficiais Subalternos das Forças Armadas ou das Forças Auxiliares.

Por ser ministro de Estado, o general Cardoso tem foro privilegiado. Isto significa que decisão sobre qualquer investigação a seu respeito só pode ser tomada pela Procuradoria Geral da República. No dia 10 de abril de 2000, o procurador-geral da República, Geraldo Brindeiro, determinou o arquivamento do pedido[26] para que se investigasse a possibilidade de que o grampo telefônico no BNDES fosse do conhecimento ou tivesse sido orientado pelo general Alberto Cardoso (Grillo, 2000).

Em julho de 1999, ocorreu uma greve de caminhoneiros em protesto contra os preços dos pedágios e os custos dos fretes. O governo foi pego de surpresa pela magnitude do movimento que ameaçava o abastecimento de grandes cidades do sudeste. FHC ameaçou convocar o Exército para desobstruir as estradas, sem antes esgotar o uso de forças policiais como pressupõe a Lei Complementar n. 69. Tanto é que o governador Mário Covas se opôs ao envio de tropas federais e usou a tropa de choque da PM paulista.

Como o governo foi pego de surpresa pela greve de caminhoneiros, a Casa Militar ganhou mais uma atribuição. Decreto Presidencial n. 3.131, de 9 de agosto de 1999, estipulou: I) que o Centro de Pesquisa e Desenvolvimento para Segurança das Comunicações (Cepesc) passasse a integrar a Subsecretaria

[26]Proposta elaborada por juristas a pedido do Ministério da Justiça impede este tipo de engavetamento. No novo texto do Código de Processo Penal, caso aprovado, o procurador-geral da República perde a autonomia para arquivar as denúncias. Para promover o arquivamento, o chefe do Ministério Público Federal terá de obter a aprovação do Conselho Superior do Ministério Público da União, órgão colegiado composto pelos subprocuradores da República.

de Inteligência da Casa Militar; II) que as atribuições relativas aos estudos estratégicos do Centro de Estudos Estratégicos (CEE) da presidência da República fosse transferido para a Casa Militar da presidência da República. Isto significa que a Casa Militar, oficialmente passou a ter também como tarefa gerenciar as crises que envolvem assuntos de segurança pública.

Logo em seguida a Casa Militar seria extinta dando lugar ao Gabinete de Segurança Institucional (GSI) da presidência da República.[27] Uma confissão que as instituições brasileiras corriam perigo, e por isso mesmo era preciso lhes dar segurança. E que problema social não era apenas caso de polícia, mas, também, de Exército.

Os titulares das quatro pastas da extinta Casa Militar permaneceram no cargo: o subchefe militar, general Jorge Alves, o Secretário Nacional Antidrogas, Walter Maierovitch, o Secretário de Acompanhamento e Estudos Institucionais, capitão-de-mar-e-guerra José Alberto da Cunha Couto e o Secretário de Inteligência, coronel Ariel Rocha de Cunto. Três militares em quatro posições. Posições, aliás, tipicamente civis em qualquer sólida democracia.

A preponderância de militares e o nome de Gabinete de Segurança Institucional são uma confissão acerca do grau de insegurança das instituições brasileiras.[28] De fato, o artigo 6º

[27]Medida Provisória n. 1.911-10 de 24 de setembro de 1999.

[28]Vide o pedido do governador de Tocantins, em maio de 2001, ao GSI do envio de tropas militares federais para debelar a greve da Polícia Militar. Mais uma vez FHC enviou o general Cardoso, em vez do ministro da Justiça, para representar o governo federal durante a crise. Pela primeira vez na história republicana, o Exército atuou explicitamente como agente político durante uma greve de PM. Quem negociou o fim da greve foi o comandante militar do Planalto em vez do governador Siqueira Campos. Ele abdicou de sua competência abrindo o precedente.

da Medida Provisória acima mencionada, dentre outros, diz caber ao GSI "prevenir a ocorrência e articular o gerenciamento de crises, em caso de grave e iminente ameaça à estabilidade institucional". O GSI ganhou ainda o poder de "coordenar as atividades de inteligência federal". Afora isto, o Decreto n. 3.203, de 8 de outubro de 1999, conferiu ao chefe do GSI a atividade de secretário-executivo da Câmara de Relações Exteriores e Defesa Nacional, do Conselho de Governo. Convém repisar, que afora estes poderes, o GSI tinha sob seu controle o Conselho Nacional Antidrogas (Conad), a Agência Brasileira de Inteligência (Abin), e a Secretaria Nacional Antidrogas (Senad).

Logo após as hostis manifestações populares em Porto Seguro ocorreram invasões de prédios públicos por parte do MST. FHC respondeu duplamente. Ameaçou recorrer ao Exército para desalojar os invasores. "O problema social, não é assunto para a Polícia Federal, quanto mais para o Exército", disse, em tom de crítica, o governador Mario Covas de São Paulo.[29] O presidente abandonou sua posição inicial, deixando para a polícia resolver o problema. Se fosse adiante, contaria com o apoio de Antônio Carlos Magalhães e Jorge Bornhausen no uso das Forças Armadas no combate à violência (Gavoso, 2000).

Contudo, emitiu o Decreto n. 3.448, em 5 de maio de 2000, criando o Subsistema de Inteligência de Segurança Pública, no âmbito do Sistema Brasileiro de Inteligência. O Subsistema teria a finalidade de coordenar e integrar as ativi-

[29] "Covas critica FH por ameaçar usar Exército contra o MST", *Tribuna da Imprensa*, 6 de maio de 2000.

dades de inteligência e segurança pública em todo o país, bem como de suprir os governos federal, estadual e municipal de informações que subsidiem a tomada de decisões nesse campo.

Embora seja um subsistema de segurança pública fazem parte do mesmo além dos Ministérios da Justiça e Integração Nacional, nada menos que o Ministério da Defesa, o Gabinete de Segurança Institucional e, como órgão central, a Abin. Poderão integrar o subsistema os órgãos de inteligência de Segurança Pública dos Estados, Distrito Federal e Municípios.

Foi instituído o Conselho Especial do Subsistema de Inteligência de Segurança Pública vinculado ao Gabinete de Segurança Institucional e, também, presidido pelo diretor-geral da Abin. No momento de sua criação, dos onze membros permanentes deste Conselho, pelo menos sete são militares. Embora seja uma arena de Segurança Pública, o Ministério da Defesa é o que possui o maior número de assentos no referido Conselho: cinco. Sendo pelo menos um de cada órgão de inteligência das Forças Armadas. O Ministério da Justiça, por sua vez, tem apenas dois representantes.

Portanto, todas as informações cedidas pelas Secretarias de Segurança Pública Estaduais cairão no colo dos militares federais. Mormente, numa época de enfrentamento de movimentos sociais. É a velha ótica do inimigo interno em pleno vigor. Toda a área federal de inteligência civil e militar, mais os serviços reservados das Polícias Militares (P-2) estão integrados em um comando único. Este arranjo institucional favorece que grupos autônomos venham a produzir, se já não produzem, informações independentemente da vontade do presidente da República, ministro de Estado, governador ou prefeitos.

8. Em novembro de 2000, o MST voltou a protestar defronte da fazenda Córrego da Ponte localizada no município de Buritis (Minas Gerais), e de propriedade dos filhos do presidente da República.[30] A última tentativa de invasão realizou-se em novembro de 1999, quando 400 militantes do MST chegaram a montar acampamento na entrada da fazenda e saquearam um caminhão carregado que deixava a propriedade. Depois disso, FHC passou a escritura da fazenda para seus filhos. A fazenda é produtiva, não se justificando a ameaça de invasão.

Desconheço a existência de alguma democracia que atribua às Forças Armadas, mais especificamente ao Batalhão da Guarda da Presidência (1.500 homens) e o Regimento de Cavalaria da Guarda (1.300), a função de fazer a segurança pessoal do presidente e vice-presidente da República, e respectivos familiares. Para tomar conta da fazenda da família Cardoso, o Exército disponibiliza dois mil homens, tanques blindados, carros de combate e helicópteros de transporte. Tal contingente está em alerta permanente (Júnior, 1996).

Os militares que fazem a segurança presidencial são tão zelosos, que chegaram a treinar arremesso... de ovo. Queriam saber a partir de que distância era impossível alguém acertar

[30]O jornal *La Nación* publicou um relatório reservado da Conferência de Exércitos Americanos, realizada, em dezembro de 2001, na Argentina. O mencionado documento classifica o MST e a União Nacional dos Estudantes como movimentos subversivos, comparando-os às Farc colombianas (Boechat, 2002).

um ovo no presidente. Foram, inclusive, feitas simulações com ovo cozido. A conclusão do estudo, é que a uma distância de entre 50 e 60 metros nem mesmo um arremessador de ovos de elite, conseguiria acertar o presidente (Bergamo, 2000).

Ressalte-se que até o general Pinochet entregou sua proteção, bem como a do Palácio La Moneda, a uma força policial: os Carabineros. O general Hugo Banzer, eleito presidente da Bolívia em 1997, por sua vez, afastou a polícia e colocou força castrense para fazer a segurança presidencial. Mesma atitude tomada pelo presidente peruano Alberto Fujimori.

Alegando ser a fazenda um símbolo nacional, o general Alberto Cardoso enviou 250 militares federais para proteger a fazenda dos parentes do presidente. Como símbolo nacional é bandeira, moeda e hino nacional, e nem a fazenda pertencia mais ao presidente, a explicação teve de ser alterada. O argumento passou a ser o de que o objetivo das tropas era a preservação da autoridade do Presidente, um dos poderes da República. Esta atitude irritou o governador Itamar Franco por achar que cabia à Polícia Militar dar conta da situação.

Curiosamente, antes deste imbróglio, o senador Antônio Carlos Magalhães e o então prefeito da cidade do Rio de Janeiro, Luiz Paulo Conde, propuseram que o Exército fosse usado nas atividades de segurança pública. FHC não aceitou a sugestão alegando que o Exército era treinado para guerra (Jungblut, França, Bezerra e Schmidt, 1999). Mas para defender a propriedade de sua família... Ou seja, os bens do Estado são mais importantes do que a vida dos que pagam impostos para manter o Estado. Do mesmo modo, o Exército se nega a combater os bandidos e os narcotraficantes sob a alegação que o seu papel não é o de polícia, no entanto, aceita ser usado como polícia contra o MST.

Caso este raciocínio vingue, vamos supor que o próximo presidente da República tenha um irmão que seja dono do Shopping Iguatemi (São Paulo), e o MST ameace invadir tal centro de compras.[31] Deverá então o Exército ser acionado, sem que o governador de São Paulo seja consultado ou que a PMSP seja primeiramente acionada?

Admita-se que seja correto o argumento do uso de tropas federais nestas situações. Contudo, no ano de 2001, a fazenda do presidente do Congresso Nacional, Jader Barbalho, foi invadida por integrantes do MST. Nem militares federais ou estaduais foram em seu socorro. Barbalho era a terceira autoridade na linha sucessória, depois do vice-presidente e presidente da Câmara. Portanto, sua fazenda, tal qual a da família Cardoso, deveria ser considerada símbolo de poder (Rossi, 2001). Portanto, o que houve em Buritis foi o uso do Exército como guarda pretoriana do presidente da República.

9. No dia 23 de setembro de 1997, FHC sancionou a Lei n. 9.503, que instituiu o novo Código de Trânsito Brasileiro. Antes do advento do regime militar de 1964, o policiamento de trânsito era feito pela Polícia Civil. Instaurado o regime de exceção, tais atividades foram transferidas para a Polícia Militar. O novo Código, em vez de procurar restabelecer o *status quo ante*, manteve a decisão tomada pelo regime autoritário. Estabeleceu que as Polícias Militares dos Estados e do Distri-

[31]Isto poderá ocorrer caso o senador Tasso Jereissati seja eleito presidente e seu irmão, obviamente, continue sendo um dos proprietários do mencionado shopping.

to Federal passam a fazer parte do Sistema Nacional de Trânsito (Art. 7º, VI).

Afora isto, determinou que um representante do então Ministério do Exército seja um dos membros do Conselho Nacional de Trânsito (Contran), órgão máximo normativo, consultivo e coordenador do Sistema. Tal como no Código Nacional de Trânsito de 1966, com a diferença de que o representante castrense teve sua posição fortalecida. Antes ele era um dos 21 membros do Contran, agora passou a ser um dos sete (Art. 10).

E mais. FHC nomeou diretor-geral da Polícia Rodoviária Federal, o general Álvaro Moraes. Um outro general, Zamir Méis, ligado ao general Alberto Cardoso, tornou-se superintendente da Agência Nacional de Petróleo (Sandrini, 2001). Sua missão: "combater" a adulteração de gasolina.

A partir de 19 de junho de 2001, FHC nomeou o coronel de infantaria, José Wilson Pereira, para dirigir a Secretaria Nacional de Defesa Civil. Várias outras situações poderiam ser citadas, em que se agrega poder político aos militares. Gostaria de finalizar com um exemplo que retrata como o militarismo é um fenômeno amplo, regularizado e socialmente aceito. FHC foi convidado para a festa de 50 anos do jornal carioca *O Dia.* Diante da sua baixa popularidade, o presidente, receou a ocorrência de manifestações públicas que poderiam criar um problema de segurança pública. Então, como condição para assegurar sua presença, exigiu que os festejos fossem realizados em uma dependência militar. Para ficar longe da população. O lugar escolhido foi o salão da Escola Naval.[32]

[32]Recentemente, FHC autorizara a compra, pela Marinha, do porta-aviões francês Foch.

Este é um fato sem precedente desde a época em que Ernesto Geisel era presidente da República (Freitas, 2001).

10. Através do Decreto n. 3.897, de 24 de agosto de 2001, FHC fixou as diretrizes para o emprego das Forças Armadas na garantia da lei e da ordem. O referido diploma conferiu ao Exército, pela primeira vez, o poder de polícia em ações que incluam a competência, constitucional e legal das Polícias Militares, em operações de garantia da lei e da ordem. Esta foi uma medida tomada para garantir juridicamente a atuação dos militares federais quando vierem a ser empregados em áreas urbanas, como no Rio de Janeiro. O presidente da República ao conceder, via decreto, o poder de polícia atuou como se exercesse o Poder Constituinte. E o Congresso Nacional foi conivente com esta situação inconstitucional.

Plano Padrão de Ação para Garantia da Lei e da Ordem (PPA/GLO) é o nome do projeto para intervenção urbana. No campo interno, a Inteligência Militar volta-se para a produção de conhecimentos ligados ao emprego da Força na garantia da lei e da ordem.

No Rio de Janeiro, o Exército conta com uma Companhia de Inteligência com 60 homens especialistas em investigação. Afora isto, há homens de elite da Brigada de Pára-quedistas e do Batalhão de Forças Especiais (Pinheiro, 2004).

Os dois Batalhões das Forças Especiais, com entre 1.200 e 1.600 homens, são treinados para agir em cenário urbano crítico, e estão subordinados à Brigada de Operações Especiais, uma das mais secretas da força terrestre (Godoy, 2002). Deslocam-se através de veículos blindados ou helicópteros artilhados com equipes de 8 a 12 combatentes e podem levar lança-chamas, submetralhadoras HK, lançadores de granadas, foguetes de porte pessoal e morteiros (ibid.). Clara demonstração de falta de confiança na Polícia Militar do Rio de Janeiro.

Segundo o PPA, os militares devem realizar exercícios de Apronto Operacional. De acordo com o manual, Apronto Operacional "é a condição física de preparo revelada por uma Organização Militar, relacionada com a disposição para o emprego, em missão de combate, de equipamentos e armamentos individuais, de armamentos e demais equipamentos transportados, de fardos de material, de viaturas, de munições e de suprimentos" (Pinheiro, 2004).

Sobre o que é uma ameaça à ordem pública, continua em vigor na nossa legislação o Regulamento para as Polícias Militares de Corpos de Bombeiros Militares aprovados pelo Decreto n. 88.777, de 1983. O Regulamento define ordem pública como o "conjunto de regras formais, que emanam do ordenamento jurídico da Nação, tendo por escopo regular as relações sociais de todos os níveis, de interesse público, estabelecendo um clima de relações sociais de todos os níveis, de interesse público, estabelecendo um clima de convivência harmoniosa e pacífica, fiscalizado pelo Poder de Polícia, e constituindo uma situação ou condição que conduza ao bem comum".

11. Nelson Jobim é amigo pessoal de FHC. Tornou-se seu ministro da Justiça, e foi, posteriormente, nomeado juiz do Supremo Tribunal Federal (STF). Devido a suas atitudes, passou a ser tratado informalmente no meio jurídico como "lí-

der do governo" no STF. Entre as atribuições de magistrado está a de julgar a legalidade de políticas do governo e ações do próprio presidente da República. O que demanda uma distância institucional regulamentar entre os dois Poderes, visando resguardar a imparcialidade do juiz. Não para Jobim. Mesmo sendo ministro do STF, a mais alta corte do país, aceitou peculiar missão que lhe foi confiada por FHC. Coube-lhe a tarefa de aproximá-lo de George W. Bush. Jobim contactou o empresário Mario Garneiro, amigo da família Bush. Ambos acertaram a data final do encontro entre os dois presidentes em uma reunião realizada no Plaza Athenée de Paris (Nassif, 2002).

Posteriormente, Jobim recebeu uma nova missão das mãos de FHC. A de presidir o Tribunal Superior Eleitoral (TSE). Jobim, anunciou que, pela primeira vez na história republicana brasileira, militares federais (Exército) e estaduais (Polícias Militares) coibiriam à paisana as atividades de "boca-de-urna" das eleições presidenciais de 2002. Tal medida não encontra qualquer respaldo técnico. A Polícia Militar é polícia ostensiva. Ela só usa policial à paisana quando precisa coletar informações sigilosas que ajudem o lançamento, posterior, da tropa policial fardada. Este não era o caso de ações de "boca-de-urna".

O que queria Jobim com tal inusitada proposta? Ciro Gomes deu a resposta nestes termos: "Onde nós estamos? Isso aqui não é república de bananas. As Forças Armadas só podem ir às ruas se houver deliberação da corte maior de Justiça do Brasil. E ela tem que ir identificada e fardada porque, se vai à paisana e de forma aleatória, quem garante que eu não vou votar com um brutamontes dizendo-se do Exército, para fazer tumulto em urnas que não sejam convenientes a mim?."[33]

Jobim terminou deixando FHC em uma situação constrangedora. O Exército nem esperou que o pedido de Jobim chegasse às mãos do presidente. Passando por cima da autoridade presidencial, o Exército emitiu imediatamente uma nota oficial dirigida a todos os militares comunicando não haver "previsão de emprego de militares do Exército, fardados ou à paisana, em fiscalização de atividades de "boca-de-urna". FHC fez que não leu a nota oficial, e a proposta de Jobim foi abatida no seu nascedouro.

12. O sistema judicial criminal brasileiro não é aplicado igualmente aos cidadãos. Embora, pela Constituição Federal todos sejam iguais perante a lei. Os privilégios e as desigualdades são consagrados na própria legislação penal. Contribuindo para ampliar esta desigualdade jurídica, FHC sancionou em 11 de julho de 2001, a Lei n. 10.258. Esta Lei alterou o art. 295 do Decreto-Lei n. 3.689, de 3 de outubro de 1941 (Código de Processo Penal), que trata da prisão especial. Portanto, na ética do privilégio (daMatta, 1999) foram incluídos os militares federais e estaduais.

Lê-se no *caput* do Art. 295: "Serão recolhidos aos quartéis ou a prisão especial, à disposição da autoridade competente, quando sujeitos a prisão antes de condenação definitiva." Acrescentou-se à redação original o item V que diz: "os oficiais das Forças Armadas e os militares dos Estados, do Distrito Federal e dos Territórios".

[33]"Lula, Ciro e Garotinho criticam decisão de Jobim", *O Globo*, 18 de junho de 2002.

Já estavam incluídos na ética do privilégio outras categorias sociais tais como: ministros de Estado; governadores ou interventores de Estados ou Territórios; prefeito do Distrito Federal e seus respectivos secretários; vereadores; chefes de Polícia; membros do Parlamento Nacional; membros do Conselho de Economia Nacional; membros das Assembléias Legislativas dos Estados; cidadãos inscritos no "Livro do Mérito"; magistrados; diplomados por qualquer das faculdades superiores da República; ministros de confissão religiosa; ministros do Tribunal de Contas; cidadãos que já tiveram exercido efetivamente a função de jurado, salvo quando excluídos da lista por motivo de incapacidade para o exercício daquela função; delegados de polícia e os guardas-civis dos Estados e Territórios, ativos e inativos.

Quem não se enquadra nos requisitos do Art. 295, vai para os nossos presídios imundos e superlotados. Fatalmente, será assassinado por colegas de cárceres, por policiais numa rebelião ou adquire Aids e morre. Morto não pode responder a processo criminal. A Lei de Execução Penal — passe-se o trocadilho — termina "executando" o preso. Ou se preferirem, há literalmente em vigor um processo de "execução" penal.

Curiosamente, o Executivo mostrara-se inicialmente inclinado a extinguir o privilégio da prisão especial. A motivação advinha do fato de um juiz que se encontrava respondendo a um processo criminal. Por razões não esclarecidas, o governo federal abandonou a intenção de evitar que o juiz continuasse merecedor da ética do privilégio. E foi em trilha oposta, i.e., ampliou o cumprimento de preceitos estruturais de desigualdades (Amorim, Burgos e Lima, 2002).

Nesta rotação jurídico-política, o Executivo e o Legislativo incluíram os militares das Forças Armadas e os militares estaduais, outrora conhecidos como policiais militares e bombeiros militares, na ética do privilégio. Este privilégio, portanto, aplica-se aos militares, federais e estaduais, que praticam ilícitos em ações de segurança pública. Em pleno século XXI.

5

A Agência Brasileira de Inteligência

O segredo está no núcleo
mais interno do poder.

Elias Canetti

A MILITARIZAÇÃO DA ABIN

Após cerca de uma década de discussões no Congresso, foi sancionada pelo presidente Fernando Henrique Cardoso, em 7 de dezembro de 1998, a Lei n. 9.883 que instituiu o Sistema Brasileiro de Inteligência (Sisbin). Neste mesmo diploma legal foi criada a Agência Brasileira de Inteligência (Abin) como órgão central deste sistema.

Como o objetivo deste sistema era tão amplo e vago, prenunciava-se o surgimento de problemas. De fato o art. 1º desta Lei diz que fica "instituído o Sistema Brasileiro de Inteligência, que integra as ações de planejamento e execução das atividades de inteligência do País, com a finalidade de fornecer subsídios ao presidente da República nos assuntos de interesse nacional". Cabe à Abin, "planejar, executar, coordenar, supervisionar e controlar as atividades de inteligência do País"

(Art. 3°.) As atividades de inteligência no país são de natureza civil e militar. Ao não especificar o tipo de inteligência, pode-se entender que tanto a civil quanto a militar foram contempladas.

Como a Lei é abrangente e não diz o que é "interesse nacional", cabe a cada presidente da República decidir o que é interesse nacional. Como bem frisou o então deputado federal, José Genoíno, "o Congresso deu um cheque em branco ao governo com a lei que criou a Abin" (Júnior, 2000). Nos países democráticos, ao contrário, procura-se deixar estabelecido quais são os mandatos e as missões dos serviços de inteligência. Além disso, há uma ausência de definição sobre os limites de atuação e capacidade de operação da Abin.[1]

A Abin passou, por definição, a ser muito mais um órgão do governo do que do Estado Brasileiro. Como não se fez uma distinção entre inteligência civil e militar, estão, também, contemplados, no raio de ação da Abin, os serviços de inteligência das Polícias Militares Estaduais (P-2s).[2] Bem como os da

[1]O general Cardoso destacou a adaptação do modelo canadense (Canadian Security Intelligence Service-CSIS) para a construção da Abin. Mas, diferentemente do que foi proposto para a agência brasileira, a legislação canadense cuidou de definir com precisão os mandatos e os princípios segundo os quais é possível conduzir suas operações e avaliar sua eficácia. As áreas para a atividade de inteligência canadense podem ser resumidas a sabotagem e espionagem, atividades influenciadas do estrangeiro; violência e terrorismo político e subversão, sendo esta última cuidadosamente circunscrita para estabelecer a diferença entre o dissenso legítimo e as ações secretas e ilícitas que buscam minar o regime legalmente estabelecido.

[2]As P-2s continuam, tal qual no regime militar, a fazer parte do sistema de informações do Exército, conforme dispuserem os Comandos Militares de Área, nas respectivas áreas de jurisdição (Decreto n. 88.777, de 30 de novembro de 1983.) Isto significa que as PMs são obrigadas, por lei, a passar informações coletadas através do chamado "canal técnico" ao Exército. Membros das PMs continuam trabalhando em quartéis do Exército à disposição do mencionado sistema de informações.

Polícia Federal, Rodoviária Federal e Polícias Civis. Os serviços de inteligência das Forças Armadas foram, teoricamente, considerados. Na prática, contudo, tais serviços não se submetem ao Sisbin ou a qualquer outro sistema, que não o seu próprio.

Este arranjo institucional abriu a brecha para a entrada dos militares dentro do Sistema que deveria ser eminentemente civil. Além de não propiciar uma clara separação entre atividades de segurança do Estado e de defesa da ordem pública. Diante deste defeito genético de nascimento, dificilmente o sistema funcionaria a contento. Como veremos logo mais, quando serão relatados casos de espionagem política.

Esta Lei também deu uma ampla definição sobre inteligência e contra-inteligência. De acordo com o Art. 1º, § 2º e § 3º, respectivamente, "entende-se como inteligência a atividade que objetiva a obtenção, análise e disseminação de conhecimentos dentro e fora do território nacional sobre fatos e situações de imediata ou potencial influência sobre o processo decisório e a ação governamental e sobre a salvaguarda e a segurança da sociedade e do Estado". Por contra-inteligência entende-se "a atividade que objetiva neutralizar a inteligência adversa".

O Governo procurou livrar a Abin do estigma do Sistema Nacional de Informações (SNI). O "I" da nova Agência é "inteligência" enquanto o "I" do Serviço era de "informações". Isto na teoria, pois já no nascedouro a definição de inteligência confunde-se com a de informação. Ou seja, coleta de qualquer informação que possa auxiliar o Governo na tomada de decisões. À Abin, por definição, foi dada a possibilidade de enveredar pela bisbilhotagem, ao não se conferir a mesma, com clareza, quais seriam suas capacidades e funções. O legado autoritário, contudo, era evidente. Assim como o SNI era o órgão central do Sisni (Sistema Nacional de Informações), a Abin exercia o mesmo papel em relação ao Sisbin.

Um outro senão da Lei é que ela não deu informações sobre a subordinação do Sisbin, ou seja, a quem este Sistema responde. Também não regulamentou que tipo de coordenação poderia ser exercida sobre os seus componentes. Não ficou claro, como lembra Antunes (2002) "se haverá um controle operacional da Abin sobre os componentes ou apenas a coordenação teórica que passaria a depender do bom relacionamento entre os dirigentes de cada órgão, a exemplo do que ocorreu com o Sissegint[3] durante o regime militar. A lei apenas instituiu o Sisbin atribuindo-lhe a responsabilidade de respeitar a Constituição Federal".

A aparente boa novidade institucional da Lei ficou por conta do Art. 6°. De acordo com o mesmo, o Poder Legislativo ficou responsável pelo controle e fiscalização externos da atividade de inteligência. Contudo o § 1° deste mesmo artigo contribuiria para tornar este controle algo muito mais teórico que factual. Em vez de ser criada uma comissão específica e fixa para exercer este controle, optou-se por um órgão composto pelos líderes da maioria e da minoria na Câmara de Deputados e no Senado Federal, assim como os presidentes das Comissões de Relações Exteriores e Defesa Nacional da Câmara de Deputados e do Senado Federal.

Ora, os líderes da maioria e da minoria estão sempre muito ocupados, pois tratam de várias outras questões. Portanto,

[3]O combate à subversão pela Forças Armadas foi oficializado com a edição do AI-5, de 13 de dezembro de 1968. A regulamentação da atuação castrense foi feita pelo presidente Médici, em 1970, através da edição de diretrizes especiais e criação do sistema nacional de segurança interna — Sissegint.

seria de esperar que não tivessem tempo suficiente para se dedicar à tarefa de controle e fiscalização da nova agência. Ou basta que tais líderes da oposição e/ou situação deixem de ser líderes, para que larguem a comissão mista e... venha outro líder sem qualquer conhecimento sobre os assuntos tratados anteriormente.

O melhor é que houvesse parlamentares especialistas no tema e uma comissão fixa. Do contrário, o controle tenderia a ser meramente formal, ou seja, mera prestação de contas. Como de fato, a realidade veio a demonstrar. Sem esquecer que a comissão só se reúne em momentos de crise, ou seja, não possui uma funcionalidade contínua.

A pouca importância que o Congresso Nacional dá a esta atividade de controle pode ser medida pelo fato de que a instalação da Comissão Mista de Controle das Atividades de Inteligência (Ccai), só foi realizada em 21 de novembro de 2000. Ou seja, quase um ano após a criação da Abin. Durante mais de 11 meses, o controle desta agência ficou no limbo. Como se inteligência não fosse um bem público. Embora a comissão seja de controle de inteligência, inexplicavelmente, o controle congressual não se estendeu para os órgãos de inteligência das Forças Armadas e da Polícia Federal. Exatamente, os mais poderosos e atuantes.

Um dos argumentos usados por FHC para convencer o Congresso de que a Abin não se transformaria em um novo SNI, era que a nova agência ficaria subordinada diretamente ao presidente da República. Empenhou sua palavra. Contudo, menos de um mês após a aprovação pelo Congresso da criação da Agência, FHC retirou a Abin da assessoria imediata da Presidência e a subordinou ao Ministério do Gabinete de Segurança Institucional (GSI), cujo ministro-chefe, general Alberto Cardoso, era um oficial da ativa do Exército Brasileiro, exercendo cargo de natureza militar. E fez isto através da Medida Provisória n. 1.994-4, em 13 de janeiro de 2000. Como isto foi uma promessa informal de FHC, mas não constava da Lei a explícita subordinação da Abin ao presidente, não se pode alegar que houve uma inconstitucionalidade na edição da Medida Provisória. O espírito da Lei, todavia, foi violado.

Deste modo, FHC entregou, na prática, a Abin ao general Alberto Cardoso. Era ele, quem decidia se uma investigação ou denúncia ia ou não para a mesa do presidente.[4] Embora, formalmente o diretor-geral da agência fosse o coronel da reserva Ariel Rocha de Cunto. Este fazia o seu trabalho silenciosamente, cabendo ao general Cardoso a tarefa de responder publicamente pela agência. Situação similar que ocorreu com o Serviço de Inteligência Nacional (SIN) de Alberto Fujimori. Formalmente, o chefe do SIN era o almirante Humberto Rozas, mas quem realmente mandava na instituição era Vladimir Montesino, assessor do presidente peruano (Relea, 2000).

Trata-se de um retrocesso institucional em comparação ao período 1964-1985.

Mesmo durante o regime militar quem dirigia o SNI, ou seja, a coleta de informações, não era quem tomava a decisão

[4]O Serviço Federal de Informações e Contra-informações (Sfici), criado pelo Decreto n. 44.489 de 15 de setembro de 1958, também não estava vinculado diretamente ao presidente da República. De acordo com o Art. 4º "a coordenação das atividades de informações incumbe a uma Junta Coordenadora que funcionará junto ao SFICI, constituída com os representantes dos Estados-Maiores da Forças Armadas, do Exército, da Marinha e da Aeronáutica e das Seções de Segurança dos Ministérios Civis e que será quando convocada pelo secretário-geral do Conselho Nacional".

do que fazer com elas. No governo FHC, todavia, essas duas competências ficaram concentradas na figura de uma única pessoa: o general Alberto Cardoso.

Como a Inteligência é um bem público, o recomendável seria o general Cardoso informar ao presidente e este decidir. Por razões ainda não decifradas, FHC abdicou desta prerrogativa e misturou operação com informação. Sem esquecer que o diretor-geral da Abin tem de ser aprovado pelo Senado, enquanto o ministro é indicado pelo presidente da República. Como quem efetivamente manda é o ministro de Estado, o controle legislativo perdeu, em muito, sua importância.

O controle do GSI sobre a Abin foi incrementado com o anúncio do Decreto n. 3.493, de 29 de maio de 2000. O mesmo delegou ao chefe do GSI a competência para aprovar o Regimento Interno da Abin que disporá sobre a competência, o funcionamento das unidades e atribuições dos titulares e demais dirigentes (Art. 3º).

Assim como apressou a criação do Gabinete de Segurança Institucional após a greve dos caminhoneiros, FHC usou idêntico comportamento após os incidentes em Porto Seguro durante as comemorações dos 500 anos do Brasil. Fustigado por hostis manifestações populares, seguidas de invasões de prédios públicos e de nova greve de caminhoneiros, o presidente respondeu com o Decreto n. 3.448, de 5 de maio de 2000. Através do mesmo criou o Subsistema de Inteligência de Segurança Pública, no âmbito do Sisbin, com a finalidade de coordenar e integrar as atividades de inteligência e segurança pública em todo o País, bem como de suprir o governo federal, estadual e municipal de informações que subsidiem a tomada de decisões neste campo.

Embora seja um subsistema de segurança pública fazem parte do mesmo além dos Ministérios da Justiça e Integração Nacional, nada menos que o Ministério da Defesa, o Gabinete de Segurança Institucional e como órgão central, a Abin. É a confirmação de que a ótica do inimigo interno continua em vigor. Para se diferenciar do SNI ficou estipulado que poderão integrar o subsistema os órgãos de inteligência de Segurança Pública dos Estados, Distrito Federal e Municípios. Ou seja, a adesão dos governadores de estado é voluntária, mas não impositiva. Na teoria, pois se não aderirem os governadores deixam de receber verbas federais.

Foi instituído o Conselho Especial do Subsistema de Inteligência de Segurança Pública vinculado ao Gabinete de Segurança Institucional e presidido pelo diretor-geral da Abin. O diretor-adjunto da Abin também tem assento neste Conselho Especial. No momento de sua criação, dos onze membros permanentes deste Conselho, pelo menos sete eram militares. Embora o subsistema seja uma arena de Segurança Pública, o Ministério da Defesa é o que possui o maior número de assentos no referido Conselho: cinco. Sendo pelo menos um de cada órgão de inteligência das Forças Armadas. Ou seja, três dos cinco membros do Ministério da Defesa serão necessariamente militares da ativa. O Ministério da Justiça, por sua vez, tem apenas dois representantes. A Abin passou, deste modo, a fazer oficialmente coleta de informações além das de inteligência.

Portanto, todas as informações cedidas pelas Secretarias de Segurança Pública Estadual cairão no colo dos militares federais. Mormente, em uma época de enfrentamento de movimentos sociais. É a velha ótica do inimigo interno em pleno vigor. Toda a área federal de inteligência civil e militar, mais os serviços reservados das Polícias Militares (P-2) estão integrados em um comando único. Este arranjo institucional favorece que grupos autônomos venham a produzir, se já não produzem, informações independentemente da vontade do presidente da República, ministro, governador de Estado ou prefeitos.

Alguns equívocos foram parcialmente revistos através do Decreto n. 3.695, de 21 de dezembro. A Abin é substituída pela Secretaria Nacional de Segurança Pública (Senasp), órgão do Ministério da Justiça, como órgão central do Conselho; este Conselho deixa de ficar vinculado ao GSI e, embora, o Decreto não deixe explicitado, supõe-se que seja ao Ministério da Justiça; a presidência do Conselho passa para o Secretário Nacional de Segurança Pública; são introduzidos dois representantes do Ministério da Fazenda, sendo um do Conselho de Controle de Atividades Financeiras (Coaf) e outro da Coordenação Geral de Pesquisa e Investigação (Copei) da Secretaria de Receita Federal; o número de representantes do Ministério da Defesa cai de cinco para dois. Portanto, continuou a forte presença de militares em atividade de segurança pública: dois representantes do Ministério da Defesa, um do GSI e outro da Abin. Cerca de 44% dos membros do Conselho. Antes do Decreto n. 3.695 era de 54%.

OS DESVIOS DA ABIN: CAMINHÃO SEM FREIOS?

A partir da análise institucional feita anteriormente, não constitui surpresa que mais cedo ou mais tarde a Abin começasse a ser denunciada por espionagem política.

Durante o processo de privatização da Telebrás ocorreu o que ficou conhecido como o "escândalo do grampo do BNDES".

O grampo foi posto nas quatro linhas diretas do gabinete da presidência do banco, nos dias 27 e 28 de julho de 1998. Um típico caso de espionagem comercial, que terminou na saída dos ministros das Comunicações e do presidente do BNDES. Aparentemente. As fitas ficaram guardadas por um bom tempo, não se sabe ao certo com quem. Até que a imprensa divulgou a existência das mesmas. No ano seguinte, surgiram indícios que o grampo fora feito por agentes da Abin.

O general Cardoso apresentou à imprensa uma versão esdrúxula: disse que as fitas gravadas foram encontradas na pilastra do lado de dentro do viaduto da Estrada Parque de Indústria e Abastecimento com a Estrada Parque Taguatingua Guará, em Brasília.[5] No inquérito instaurado pela Polícia Federal para apurar o caso do grampo, o chefe do escritório da Abin, no Rio de Janeiro, coronel João Guilherme dos Santos Almeida, apresentou uma outra versão.

Na versão do general Cardoso, em agosto de 1998, Almeida o teria informado sobre a existência das fitas. Diante disto, ordenou a obtenção das mesmas. Até porque nelas estariam gravações do presidente da República. Almeida, por sua vez, garantiu que nunca recebeu ordens superiores para obtenção das fitas, pois nunca mencionou a existência delas. E sim da existência de "material comprometedor" contra o presidente (Fonte e Medeiros, 1999, Azevedo, 1999).

Ante as versões conflitantes, a Procuradoria da República do Rio de Janeiro pediu à Polícia Federal que fizesse uma acareação entre o então general ministro-chefe da Casa Militar e

[5]Mais de um ano depois, em depoimento prestado ao Senado, o general desfez a fábula: confessou que recebeu as fitas dos agentes da Abin do Rio de Janeiro. "Painel", *Folha de S. Paulo*, 3 de dezembro de 2000. Não foi responsabilizado pela leviandade.

o coronel-chefe do escritório da Abin no Rio de Janeiro (Pena, 1999). Havia a suspeita que um agente da Abin teria feito o grampo por ordem superior. A ser verdade a suspeita, procurava-se saber quem dera a ordem institucional para o grampo. O meio foi ilegal embora o intuito tenha sido nobre: garantir a lisura do leilão. Mas, quem fez o grampo usou as fitas, provavelmente, para fins de extorsão comercial.

Tanto é que no dia 9 de novembro de 2002, o juiz Alexandre Libonatti, da 2ª. Vara Criminal Federal do Rio de Janeiro, condenou o agente da Abin e um detetive particular pela instalação do grampo telefônico. O procurador da República Artur Gueiros, do Ministério Público Federal no Rio — autor da denúncia — informou que pretendia recorrer: "Não concordo com a decisão. Ficou evidenciado que o grampo no BNDES foi uma operação institucional da Abin que fugiu do controle. Na minha opinião foi uma decisão hierárquica, que contou com um planejamento maior" (Werneck, 2002).

Bastou ser anunciada a futura acareação entre oficiais de postos distintos e dirigida por um delegado, para que o Exército, como instituição, entrasse em cena. O Exército sentiu sua autonomia invadida além de violação do princípio da hierarquia. Por meio da publicação oficial, *Informex* n. 19, de 4 de junho de 1999, o chefe do Centro de Comunicação Social do Exército, general Luiz Cesário da Silveira Filho, inicia a nota lembrando que "o Gen Cardoso é um militar com profícuos e assinalados serviços prestados ao Exército. Por seus indiscutíveis méritos profissionais e irretocável conduta pessoal, foi distinguido com a nomeação para o cargo de confiança do Excelentíssimo Senhor Presidente da República, que hoje exerce". A nota é finalizada com os seguintes dizeres: "o Exército reitera sua plena confiança na conduta ilibada do Gen

Cardoso e honrado repele, com veemência, as insinuações dirigidas contra a pessoa desse honrado chefe militar". Uma questão policial ameaçava se transformar em um grave problema político.

A nota tinha um sutil recado dirigido ao presidente da República que até então mantinha um silêncio olímpico sobre o caso. Lembra que o general Cardoso, além de ser um chefe militar, ocupa um cargo de confiança do presidente da República e que foi convocado para as tarefas de reorganizar, em nível nacional, as áreas de inteligência e de prevenção e combate às drogas (Nogueira, 1999). FHC foi instado pelo Exército, como instituição, a se pronunciar em defesa do general.

O líder do governo no Congresso, Arthur Virgílio, imediatamente fez-se ouvir. Segundo ele, "tudo o que tem acontecido tem provocado uma inquietação no meio militar. O presidente da República acha que é melhor deixar os militares cumprindo o seu papel. E é grave acarear um general com um subordinado seu".[6] Não importa se a acareação fosse boa para o descobrimento da verdade. Ou melhor, a verdade não era para ser desvendada.

A saída encontrada por FHC para contornar a acareação entre o general e o coronel foi devolver a Alberto Cardoso o status de ministro de Estado. O general perdera a condição de ministro quando foi criado o Ministério da Defesa, pois os comandantes da Marinha, Exército e Aeronáutica também deixaram de ser ministros para ficarem subordinados ao ministro da Defesa. Como o comandante do Exército era um general-de-exército, hierarquicamente superior ao general

[6]"FH não vê razões para ser chamado pelo MP a depor sobre grampos", *O Globo*, 9 de junho de 1999.

Cardoso, ficaria estranho que um general de posto inferior continuasse como ministro e o superior perdesse esta posição.

Ao readquirir a posição política de ministro de Estado, o general Cardoso passou a responder juridicamente apenas ao STF.[7] Portanto, abortou a tentativa de acareação que a Polícia Federal iria fazer entre ele e o coronel-chefe da Abin no Rio de Janeiro. Como o STF não foi provocado sobre o assunto, o brasileiro ficou sem direito a averiguação pública do ocorrido.

Ante a denúncia de suposto envolvimento do ministro da Defesa, Élcio Álvares, com pessoas ligadas ao narcotráfico, a Abin passou a investigar a veracidade das informações (Meireles, 1999). Posteriormente, o procurador-geral de Justiça do Mato Grosso, pediu a Abin o relatório que acusa um bicheiro de ter ligações com o crime organizado (Ribeiro Jr. & Pinto, 2001). Em ambos os casos, a Abin passou por cima da atribuição da Polícia Federal, órgão do Ministério da Justiça.[8] O episódio revela não haver uma nítida separação conceitual entre segurança do Estado e defesa da ordem pública.

A lista de denúncias de espionagem política por parte da Abin não parou por aí. Um ex-presidente da República; um procurador da República, que atormentava o Planalto; e um jornalista que apurava o possível envolvimento do governo no escândalo do Tribunal Regional do Trabalho teriam sido acompanhados por arapongas.

[7]Em termos jurídicos, os comandantes da Marinha, Exército e Aeronáutica continuaram com prerrogativas de ministro de Estado. Ou seja, o Superior Tribunal Federal tem competência para processá-los e julgá-los em caso de infrações penais comuns.

[8]Nem o então ministro da Justiça, José Carlos Dias, sabia desta atividade da Abin. Entrevista com o autor, São Paulo, 30 de setembro de 2000.

Reportagem da *Veja* revela que havia três equipes da Abin bisbilhotando a vida de Itamar Franco. Uma em Belo Horizonte e duas em Brasília. Seus passos estariam sendo rastreados desde março de 1998, quando tentou sair candidato à presidência da República pelo seu partido, o PMDB. A Abin teria, inclusive, produzido relatórios sobre as dívidas pessoais tanto de Itamar como de três auxiliares: Henrique Hargreaves, Alexandre Dupeyrant e José Aparecido (Júnior, 2000).

Os desmandos da Abin não teriam ficado por aí. O jornalista Andrei Meireles, da *IstoÉ*, que apurava eventual envolvimento do ex-secretário-geral do Palácio do Planalto, Eduardo Jorge Caldas Pereira, no escândalo do desvio de verbas da obra do Tribunal Regional do Trabalho, em São Paulo, também foi vítima. Os agentes da Abin também teriam ajudado na localização do juiz Nicolau dos Santos Neto. Principal suspeito do desvio de verbas, ele estava foragido. A princípio o general Cardoso negou, mas depois reconheceu que realmente aconteceu a investigação "quando o assunto começou a virar galhofa nacional e virou um símbolo da impunidade".[9]

A *Veja* revelou a ficha ideológica de Meireles levantada pelos arapongas. Ela informa que Meireles pertenceu ao Partido Comunista Brasileiro, foi do sindicato de jornalistas e participou de um encontro sindical em Cuba e que sua ex-mulher era funcionária do governo federal (Júnior, 2000).

Segundo a *IstoÉ*, o diretor-geral da Abin, coronel Ariel de Cunto, enviou uma carta a Meireles assegurando que "os registros disponíveis [a seu respeito] são anteriores a 30 de setembro de 1987". De Cunto prometeu entregar a ficha integral

[9]Entrevista concedida a Andrei Meireles, Ricardo Mirando e Tales Faria. *IstoÉ*, 19 de novembro de 2000.

do jornalista, contudo, forneceu apenas um extrato assinado pelo diretor do Centro de Documentação da Abin, David Bernardes de Assis. No mesmo, consta a participação de Meireles em uma reunião do PCB, em 24 de agosto de 1989. Portanto, dois anos depois da data mencionada por de Cunto (Meireles & Miranda, 2000).

A Abin teria mostrado um empenho todo especial nas denúncias contra o ex-secretário-geral da presidência. De acordo com reportagem da *IstoÉ*, "no final de agosto [de 2000] o general Cardoso enviou um informe reservado aos serviços de inteligência do Exército, da Marinha e da Aeronáutica determinando que toda informação relativa a Eduardo Jorge fosse repassada à Abin. A partir daí, só a Inteligência do Planalto cuidaria do caso. Esse foi, segundo a revista, o lado invisível da operação abafa feita para proteger o ex-coordenador da campanha da reeleição de FHC. Nessa mesma época, Eduardo Jorge tentou tranqüilizar os seus parceiros investigados pela *IstoÉ*: contou que os passos dos jornalistas Andrei Meireles, da sucursal de Brasília, estavam sendo monitorados. Não disse por quem" (Meireles & Miranda, 2000).

Em outro caso de possível corrupção, a Abin entrou no caso do Dossiê Cayman. Neste Dossiê, falso por sinal, altos líderes do PSDB, incluindo o presidente da República, teriam contas em dólares em um paraíso fiscal. A Agência chegou a contratar uma empresa de um brasileiro em Miami para ajudar a descobrir os autores e possível veracidade do Dossiê (Júnior, 2000).

A Abin também espionou o Ministério da Saúde, na época dirigido por José Serra. Intrigados com a quantidade de funcionários que faziam, nas férias, viagens que estariam acima de suas remunerações, os agentes descobriram que eles estavam usando os prêmios de milhagens obtidas através de suas viagens oficiais (Júnior, 2000). Um dado de alta relevância para o Estado brasileiro... Mais simples seria consultar o Sistema de Acompanhamento Financeiro (Siafi). Como tudo isso pode ser considerado de "interesse nacional" não há como acusar os gestores e agentes da Abin de terem praticado alguma ilegalidade.

O caso mais pitoresco envolveu o procurador da República, Luiz Francisco de Souza. Na época ele investigava os ministros de Estado que teriam usado aviões da FAB para viagens pessoais. Durante sete meses um soldado da Polícia Militar do Distrito Federal ficou em seu encalço. O relacionamento do Procurador com a "andorinha" desmoronou mercê de uma briga em quarto de motel. O Procurador desconfiou que estava sendo seguido, e que ela era uma isca. Foram às vias de fato. Convém lembrar que a Lei n. 9.883/99 determina, dentre outros, em seu Art. 1.°, § 1.°, que "o Sistema Brasileiro de Inteligência tem como fundamentos... a defesa do Estado Democrático de Direito e a dignidade da pessoa humana, devendo ainda cumprir e preservar os direitos e garantias individuais e demais dispositivos da Constituição Federal...".

A reação mais contundente foi de Itamar Franco, inimigo de FHC. "Quem mandou fazer a espionagem foi ele. Estou convencido disso" (Magalhães, 2000). Itamar sugeriu que o símbolo do governo federal passasse a ser um feixe de varas, em alusão a Mussolini. Também anunciou o retorno de oito policiais militares mineiros que estavam à disposição da 4ª. Região Militar do Exército, sediada em Belo Horizonte. A medida visava impedir, segundo o governador, que os policiais fossem contaminados pelos métodos da Abin (ibid.)

Ou seja, ele fez uma associação direta entre a Agência e os militares federais.

Itamar enviou ao presidente uma carta classificando o ato como um "risco ao estado de direito" (Meireles e Miranda, 2000). O presidente da República negou que Itamar Franco tivesse sido espionado. Qual não foi sua surpresa ao descobrir, em seguida, que as atividades econômicas do seu filho, Paulo Henrique, vinham sendo investigadas pela Abin por três meses (Júnior e Dieguez, 2000).

A análise do deputado José Genoíno, ante a denúncia da Abin fazer espionagem política foi menos emocional. Ela remonta a um defeito na gênese da criação da Agência: "Se é poder paralelo, é grave. Se não é, é mais grave ainda. A lei é vaga. Deveria ter proibido claramente a Abin de fazer espionagem política. Mas o governo não deixou."[10]

Foram estas situações vexatórias que fizeram com que o Congresso instalasse, finalmente, a comissão de controle da agência. No início de 2000, a Mesa do Congresso circulou uma instrução normativa para que a comissão fosse instalada (Cruvinel, 2000). Nada se fez. Agora se corre atrás do prejuízo.

A lei que sancionou a Abin previu a existência de uma comissão mista de controle externo com competências mais brandas que as sugeridas por Genoíno. O fato desta comissão não ter sido instalada quase um ano depois da criação da Abin, revela a pouca importância que o Congresso confere a esta comissão. Foi preciso que ocorressem as denúncias contra o governador Itamar Franco, assessores de José Serra, e o jornalista Andrei Meireles para que, finalmente, o Congresso

[10] *Folha de S. Paulo*, 17 de novembro de 2000, "Painel".

resolvesse instalar a referida comissão, em 21 de novembro de 2000 (Rodrigues, 2000).

Em países democráticos, um dos modos de controlar as atividades de inteligência é através do orçamento. Cada ação deve ter projeto orçamentário próprio, e então aprovadas ou não pelo Congresso. No nosso caso, não havia nem comissão para acompanhar os passos da Abin.

Chamado a prestar esclarecimentos diante da comissão parlamentar, o general Cardoso admitiu que 226 pessoas egressas do SNI foram incorporadas pela Abin (Freitas, 2000). Até alguns dias antes, o ministro-chefe do Gabinete de Segurança Institucional assegurava que a seleção para os quadros da Abin fora feita com o máximo de rigor levando em conta os interesses do Estado e não do governo (ibid.). O general também admitiu que pelo menos um setor da Abin estava fora de controle. Referia-se ao setor de Segurança Orgânica, que é o responsável por manter a salvaguarda das informações produzidas (França, 2 dez. 2000).

A Abin também se mostrou interessada em monitorar organizações não governamentais como o *Greenpeace* e *Americas Watch*. A primeira defende o meio ambiente e a segunda luta pela defesa dos direitos humanos. Em nota oficial, o *Greenpeace* repudiou a atitude da Abin e anunciou que entraria na Justiça com um pedido de *habeas data* para ter acesso aos registros feitos. A nota, dentre outras palavras, dizia: "Nossa organização trabalha de maneira aberta para o público e com financiamento de cidadãos interessados na preservação do planeta... Os recursos gastos para obter esse tipo de informação seriam mais bem empregados na investigação das diversas denúncias que temos feito sobre contaminação industrial, comercialização ilegal de alimentos transgênicos e exploração destrutiva da Floresta Amazônica" (Campos, 2000).

A revelação dos casos de espionagem política não levou à demissão do coronel de Cunto e/ou do general Cardoso. A saída do diretor-geral da Abin[11] ocorreu ao se descobrir que o militar da reserva, Carlos Alberto Del Menezzi, foi torturador durante o regime militar (Jungblut, 2000). O nome de Menezzi aparece no livro *Brasil: Nunca Mais* (Júnior, 3 dez. 2000). Portanto, era de conhecimento público. Menezzi trabalhava num cargo de confiança. Dirigia a Divisão de Assuntos de Organização Criminosa (Daoc), além de ser membro do Conselho Nacional Antidrogas. Menezzi foi afastado da Abin, mas não do governo. Foi trabalhar no setor de inteligência do Ibama.

Uma das funções oficiais da Agência é usar seu banco de dados para verificar o passado de pessoas designadas para ocupar cargos públicos. Del Menezzi não foi a única falha da Abin. O ministro da Justiça, José Gregori, descobriu um outro acusado de ser torturador trabalhando no governo: o coronel Rubens Bizerril. A ascensão de Bizerril no Ministério da Justiça foi meteórica. Foi nomeado durante a gestão de Nelson Jobim para o quadro de chefias do Departamento de Segurança Pública. Com Íris Rezende foi promovido a chefe de Estudos Jurídicos. Posteriormente, Renan Calheiros o nomeia coordenador de Planejamento e Segurança Pública do Ministério da Justiça. Com a chegada de José Carlos Dias, o coronel passou a acumular a coordenadoria e a chefia do Sistema Nacional de Informações de Segurança Pública. Posi-

[11] De Cunto foi substituído pela diretora-adjunta da Abin, Marisa de Almeida Del Ísola e Diniz.

ções mantidas com José Gregori (Freitas, 2000). Afastado do Ministério da Justiça, Bizerril foi trabalhar na Diretoria Executiva de Planejamento e Coordenação da Abin.

Ao ser indagado sobre se o general Alberto Cardoso tinha controle sobre a Abin, FHC disse que o oficial "tem o controle da Abin tanto quanto um dono de jornal tem controle sobre o seu jornal" (Carneiro & Giraldi, 2000). O general Cardoso, por sua vez, foi mais contundente consigo mesmo. Ante os integrantes da recém-instalada comissão mista de controle da Abin, admitiu não ter pleno controle sobre a Agência (Rodrigues, 2000). Ou seja, um corpo sem o devido comando.

Curiosamente, o general Cardoso voltou a convidar o coronel De Cunto a trabalhar no governo, desta vez em seu ministério, após as eleições presidenciais de 2002 (Humberto, 10 out. 2002). Sem que isto provocasse qualquer manifestação de FHC ou do Congresso Nacional.

O Mossad israelense é uma agência tanto de inteligência como operacional. A Abin foi criada para ser exclusivamente de inteligência. Seu papel é recolher, organizar e analisar as informações disponíveis. Mas, parece querer ser, também, operacional. Vide a polêmica idéia do general Cardoso, com o beneplácito do presidente. O governo incentivou a tramitação no Senado de projeto de lei regulamentando o uso de armas por parte dos agentes da Abin. O uso de armas só se justificaria se a Abin fosse uma agência operacional.

Curioso, pois o general Cardoso sempre enfatizou que em nenhuma circunstância o serviço de inteligência poderia ter uma função policial fazendo investigações "ainda que tacitamente, informalmente" (Antunes, 2000:179).

A reação do presidente do Sindicato dos Policiais Federais, Fernando Honorato, foi imediata: "O que queremos?

Ressuscitar tempos antidemocráticos? O governo quer um serviço de inteligência de verdade ou um arremedo de polícia secreta?" (Maia, 2000). Tudo isto mostra como a Abin ainda é fortemente influenciada por uma visão militarizada da atividade de inteligência, herdada do regime militar. Afora isto, a Abin não consegue controlar *ex ante* a conduta dos servidores públicos e o funcionamento da máquina estatal. Como os freqüentes casos de corrupção revelados atestam.

6

Lei de Segurança Nacional, sigilo de documentos e guerrilha do Araguaia...

A verdade deve ser protegida
por um escudo de mentiras.

Winston Churchill

A LEI DE SEGURANÇA NACIONAL E SIGILO DE DOCUMENTOS

A Lei de Segurança Nacional (LSN) é a formalização jurídica dos princípios da Doutrina de Segurança Nacional. Doutrina esta que se desenvolveu no âmbito da Guerra Fria e do Regime Militar (1964-1985). A última versão da LSN é de 14 de dezembro de 1983 (Lei n. 7.170), aprovada nos estertores do governo do general Figueiredo. A ótica desta doutrina era dirigida para o combate do inimigo interno. Tanto é que Luís Inácio Lula da Silva, foi vítima da LSN: passou 31 dias na cadeia, em 1980, acusado de subversão.

Esperava-se que com o advento de um governo dito democrático, a LSN fosse abolida. Tal como ocorreu em outros países do continente sul-americano. Por incompatibilidade genética, afinal a LSN foi um dos principais aparatos jurídicos do regime militar. Tal Lei foi criada para garantir a ordem pública e social ameaçada, segundo a percepção do governo, por grupos ou indivíduos revolucionários. Mas, não foi isto o que ocorreu. A LSN continuou em vigor, durante os oito anos do governo FHC. Mesmo tendo o presidente prometido aboli-la (Vasconcelos e Jungblut, 2000).

Este entulho autoritário mantido intacto apresenta artigos incompatíveis com uma ordem democrática. Por exemplo, o artigo 1-II da LSN determina que, caso alguém jogue uma pedra contra o presidente da República, seja enquadrado na prática de crime contra a segurança nacional. Com o objetivo de intimidar acadêmicos e jornalistas, o artigo 23-II considera crime quem provoca animosidade no seio das forças armadas ou entre elas e as classes sociais ou instituições civis. Definição tão ampla, que uma leitura obtusa deste livro poderia enquadrar seu autor na LSN. Para combater grupos revolucionários o artigo 24 criminaliza quem "constituir, integrar ou manter organização ilegal de tipo militar, de qualquer forma ou natureza armada ou não, com ou sem fardamento, com finalidade combativa". E por aí vai.

A LSN, durante o regime autoritário, funcionou como uma espécie de apêndice do Código Penal Militar no sentido de que os que a violassem seriam julgados pelo Superior Tribunal Militar (STM). A Constituição de 1988 apresentou a novidade de considerar crimes militares somente os crimes que estivessem contemplados pelo Código Penal Militar. Isto foi um avanço em relação à Constituição anterior, pois os crimes contra a segurança pública passaram a ser apreciados pela jurisdição ordinária em vez da jurisdição militar. Na prática, todavia, reina a ambigüidade. O artigo 109-IV da Constituição diz que compete aos juízes federais processar e julgar crimes políticos. Contudo, não há, no Brasil, legislação sobre crimes políticos. Diante disso, a LSN termina cobrindo os crimes políticos. Por exemplo, em maio de 1993, quatro separatistas foram indiciados pela LSN sob a alegação de pregarem a criação de um novo país no sul do Brasil e devem ser julgados por corte militar.[1] O que ainda não ocorreu.

A LSN também vem sendo usada para crimes ordinários. Em agosto de 1995, o coronel-aviador da reserva, Latino da Silva Fontes, foi preso com um carregamento de armas contrabandeadas. Terminou sendo condenado a oito anos de prisão por tráfico de armas, de acordo com a LSN. Outros dois civis, também acusados de contrabando, foram indiciados pela LSN e aguardam suas sentenças. Como o Código Penal é brando com crimes como o contrabando, usa-se o rigor da LSN. Portanto, crime contra a segurança pública transformou-se em crime contra a segurança nacional. E a punição deve ser mais severa, segundo esta ótica. De fato, o artigo 12 da LSN[2] prevê uma pena de reclusão de três a dez anos. Enquanto que o artigo 334 do Código de Processo Penal estipula uma pena de quatro anos de reclusão.

A juíza Marilena Soares Reis Franco, da 13ª. Vara Federal do Rio, que condenou o coronel Latino, ilustrou a sua sentença com frase do general Golbery do Couto e Silva. A juíza lembra que Golbery não impunha limites para o conceito de guerra. "... Na verdade, não se sabe distinguir onde finda a

[1]"Separatistas são indiciados na LSN no Paraná", *Folha de S. Paulo*, 7 de maio de 1993.

[2]"Importar ou introduzir no território nacional, por qualquer forma, sem autorização da autoridade federal competente, armamento ou material militar privativo das Forças Armadas. Pena: reclusão de três a dez anos. Parágrafo único: na mesma pena incorre quem, sem autorização legal, fabrica, vende, transporta, recebe, oculta, mantém em depósito ou distribui o armamento ou material militar de que trata este artigo. Pena de reclusão: de três a dez anos."

paz e onde começa a guerra, uma evidência a mais, e esta sob todos os aspectos funesta, da geral confusão de valores em que periga soçobrar a civilização do mundo ocidental", diz o trecho da frase do general Golbery (Otavio, 1997).

A LSN também já foi evocada para o combate ao financiamento de atividades terroristas. Segundo Adrienne Sena, ex-diretora do Conselho de Controle de Atividades Financeiras (Coaf), órgão vinculado ao Ministério da Fazenda, não há problema no fato do Código Penal ser omisso em relação aos crimes terroristas pois a LSN trata disto. Tal lei, segundo ela, "prevê como crime, inclusive, o financiamento ao terrorismo, que está tipificado nos artigos 20 e 24, com pena e tudo" (Izaguirre, 2002).

A LSN também tem sido utilizada para outros fins. FHC patrocinou lei que indeniza os familiares de mortos e desaparecidos durante o regime militar. A mesma estabelece que os corpos serão procurados às expensas do governo, desde que os familiares tenham indícios de onde estão enterrados os cadáveres. Ou seja, o ônus da prova cabe aos familiares. Para isto necessitam documentos que, provavelmente, estão nos arquivos militares. E estes negam possuí-los.

O general Oswaldo Pereira Gomes, integrante das Forças Armadas na Comissão Especial de Mortos e Desaparecidos Políticos do Ministério da Justiça, deu a entender que podem existir os arquivos da repressão, mas que o interesse nacional, segundo a ótica castrense, está acima do conhecimento da verdade. "A Lei de Segurança Nacional protege as instituições e faz ressalva sobre documentos sigilosos de interesse nacional" afirmou Gomes (Éboli, 2003). Ou seja, o interesse nacional está protegido pela LSN. Citou o Decreto n. 79.099, de 6 de novembro de 1977, redigido pelo presidente

Geisel. De acordo com o decreto, as autoridades, sejam civis ou militares, não podem tornar públicos documentos sigilosos sobre a repressão. O general explicou que quem violar tal decreto pode ser enquadrado no artigo 21 da LSN que pune com reclusão de 2 a 10 anos quem "revelar segredo obtido em razão do cargo, emprego, ou função pública, relativamente a planos, ações ou operações militares ou policiais contra rebeldes, insurretos ou revolucionários".

Durante o governo FHC por várias vezes a aplicação da LSN foi ventilada. No dia 5 de maio de 2000, a Polícia Federal abriu 23 inquéritos e indiciou 28 sem-terra, acusados de invasão de prédios públicos em Brasília e Cuiabá.[3] O uso da LSN foi condenado pelo então governador de São Paulo, Mário Covas. A argumentação de Covas foi curiosa. Ele é contra o uso de uma "coisa que é ultrapassada" e não por ser antidemocrática. Afinal, argumentou: "Não se pode chamar (a lei) de antidemocrática. É uma lei. Se é lei, foi votada pelo Congresso Nacional."[4] Esqueceu que o Congresso Nacional de 1983, não era um Congresso livre. E mesmo que o fosse, nada impediria que o Congresso votasse uma lei com conteúdo não democrático. Covas confundiu procedimento com conteúdo.

O possível uso da LSN provocou uma divisão interna na Polícia Federal. Os agentes federais, através do presidente da Federação Nacional dos Policiais Federais, José Venerando de Lima, solicitaram aos delegados que não usassem a LSN para enquadrar membros do Movimento dos Trabalhadores Rurais

[3]"PF usa Lei de Segurança Nacional", *O Globo*, 6 de maio de 2000.
[4]"Covas condena uso da LSN", *Jornal de Brasília*, 7 de maio de 2000; "Covas desaprova utilização da Lei de Segurança", *O Estado de S. Paulo*, 7 de maio de 2000.

Sem Terra (MST). Ao contrário, segundo eles, da orientação de FHC e do general Alberto Cardoso. Para Lima, "hoje a Polícia Federal tem um nível de consciência mais democrático. Nos politizamos no bom sentido e não vamos deixar que nos usem como aparato de repressão política. A Polícia Federal não é um instrumento do presidente Fernando Henrique Cardoso, mas um órgão de segurança do estado-nação a serviço do Judiciário e da sociedade".[5]

Logo em seguida, o ministro-chefe da Secretaria de Comunicação, Andrea Matarazzo, tentou impedir a entrevista do líder do MST, João Pedro Stédile, no programa "Opinião Brasil" da TV Cultura de São Paulo. A alegação era que ele estava indiciado pela LSN. O presidente da Fundação Padre Anchieta, mantenedora da TV Cultura, Jorge da Cunha Lima, não aceitou o veto. Recebeu apoio, em nota pública, de 24 conselheiros da Fundação. Matarazzo, contudo, conseguiu evitar a entrevista de Stédile, na TVE do Rio e na TV Nacional, de Brasília, ambas federais (Tognoni, 2000). Por conta disso, o presidente do PT, José Dirceu, e o deputado Milton Temer entraram no Supremo Tribunal Federal com uma notícia-crime contra o ministro Matarazzo.[6]

Ante a reação negativa, o Governo ordenou, no dia 8 de maio de 2000, que a Polícia Federal cancelasse o enquadramento dos líderes do MST pela LSN.[7] O ministro da Justiça, José Gregori, jogou a culpa no delegado que fez o enquadramento. A Polícia Federal divulgou nota comunicando que houve um erro de digitação, e que apenas um dos 33 inquéri-

[5] "Agentes federais não querem usar LSN", *Jornal do Brasil*, 7 de maio de 2000.
[6] "Petistas vão ao ministro", *Folha de S. Paulo*, 10 de maio de 2000.
[7] "PF recua em indiciar sem-terra com LSN", *Folha de S. Paulo*, 9 de maio de 2000.

tos instaurados, em Brasília, é que fora baseado na LSN. Segundo a Polícia Federal, um funcionário, em Brasília, teria se confundido no momento de montar uma tabela informando o número do inquérito, a incidência penal e o fato a ser apurado (Leali, Jungblut e D'Ercole, 2000). Sem-terras também foram incursos na LSN, em Cuiabá. Em Brasília foi erro de digitação, em Cuiabá, um engano.

Em 16 de maio de 2000, a polícia do Paraná enquadrou na LSN nove assentados ligados ao MST. Eles mantiveram dois funcionários do Incra como reféns por quase seis horas, na Fazenda Rio do Leão, em Laranjeiras do Sul, em protesto contra o despejo de famílias de uma área vizinha. Houve confronto com a tropa de choque da Polícia Militar. Os militantes foram indiciados com base no artigo 17 da LSN ("tentar mudar, com emprego de violência ou ameaça grave, a ordem, o regime vigente ou o estado de direito") que prevê pena de reclusão de três a 15 anos.[8] "É prática normal aplicar uma lei que existe [a LSN]. Podem alegar que é pouco usada, mas é por desconhecimento de alguns. A lei é clara e os crimes também foram claros. Eles feriram a Lei de Segurança Nacional porque tentaram impedir que dois poderes, o Executivo e o Judiciário, cumprissem as ordens do Estado. Eu apliquei a lei; eles têm o direito de se defender" — disse o delegado titular de Quedas do Iguaçu, Ítalo Biancardi Neto.[9]

O ministro da Justiça, José Gregori, divulgou, em seguida, parecer contrário à decisão do delegado Biancardi. Pelo

[8]Os nove assentados também foram indiciados pelo Código Penal por formação de quadrilha, resistência, desobediência, danos ao patrimônio público e incitação ao crime.

[9]"Paraná enquadra nove assentados do MST na Lei de Segurança Nacional", *O Globo*, 17 de maio de 2000.

art. 31 da LSN a competência para apuração de crimes contra a segurança nacional é exclusiva da Polícia Federal. Portanto, a Polícia Civil do Paraná teria exorbitado de suas funções (Melazo e Delgado, 2000). A tática do governo é ameaçar usar a LSN como intimidação. Como o desgaste político (inter)nacional seria imenso, o governo recuou.

Esta não é a primeira vez que a Polícia Civil tentou usar a Lei de Segurança Nacional contra os sem-terra. Duas semanas antes, a Polícia Federal abriu dois inquéritos com base no artigo 18 desta Lei[10] contra os sem-terra que invadiram prédios públicos em Brasília e no Mato Grosso (Carvalho, 2000). É o governo criticando a si mesmo. A social-democracia brasileira convive bem com este entulho, quando dele pode tirar proveitos.

Por conta destes indiciamentos, foram apresentadas no Congresso Nacional quatro propostas de revogação da LSN. Duas no Senado, por José Eduardo Dutra e Roberto Freire, e na Câmara, por José Genoíno[11] e Milton Temer. As propostas tiveram o apoio do líder do PSDB na Câmara, Aécio Neves. Segundo Dutra, "essa legislação penal extravagante foi elaborada em pleno regime militar. É lamentável que venha sendo recepcionada pela ordem jurídica estabelecida após a Constituição de 1988" (Melazo e Delgado, 2000).

Dutra, inclusive, relembrou o voto em separado, de 1983, feito pelo então senador FHC: "A existência de uma LSN apresenta-se como uma exceção, embasada em motivações

[10] "Tentar impedir, com emprego de violência ou grave ameaça, o livre exercício de qualquer dos Poderes da União ou dos Estados." Pena: reclusão, de 2 a 6 anos.

[11] Esta foi a terceira tentativa de Genoíno. O presidente Collor, em 1990, tentou apresentar um projeto de lei neste sentido. Não teve sucesso.

políticas e seriamente comprometida pela inspiração da Doutrina de Segurança Nacional...[12] Somos pois pela revogação da Lei de Segurança Nacional e a previsão de instrumentos legais protetores da soberania nacional, do funcionamento dos poderes das instituições democráticas no corpo das leis codificadas do país." FHC, como presidente, e o PSDB também se declararam a favor da revogação da LSN.[13] Mesmo assim, a LSN permanece intacta.

Bom de retórica, FHC afirmou: "hoje vivemos em um estado de direito que repele e dispensa mecanismos autoritários para sua defesa, precisando de leis que assegurem, sim, a defesa do Estado democrático" (Jungblut e Carvalho, 2000). E, em seguida, nomeou uma comissão especial encarregada de transformar a Lei de Segurança Nacional em Lei de Defesa do Estado Democrático. Presidida pelo jurista Luiz Vicente Cernicchiaro, ex-ministro do Superior Tribunal de Justiça, e composta pelo procurador da República Luiz Alberto Araújo, o constitucionalista Luiz Roberto Barroso e o assessor jurídico da presidência, José Bonifácio Borges (Carvalho, 2000).

Partiu-se do correto entendimento de que o Estado precisa de uma Lei para defender as instituições democráticas, contra golpe de Estado, por exemplo, e que garanta os direitos dos cidadãos. O projeto da nova Lei foi concluído em 4 de dezembro de 2000, mas não se transformou em Lei (Silveira, 2000). O projeto previa a inclusão no Código Penal de capítulos sobre defesa nacional sob o título "Crimes contra o Estado democrático de Direito". Cumpriu-se a sina, de que

[12]"Painel", *Folha de S. Paulo*, 28 de maio de 2000.

[13]"PSDB apóia projetos de oposição para revogar a LSN", *O Globo*, 19 de maio de 2000.

quando não se quer resolver algo na política brasileira, cria-se uma comissão... O fato é que o Estado brasileiro continuou sem possuir uma lei que regule democraticamente o uso dos instrumentos de defesa da ordem.

Posteriormente, em abril de 2002, o então ministro da Justiça, Miguel Reale Júnior, enviou ao Palácio do Planalto anteprojeto de revogação da LSN.[14] Pela proposta, a LSN seria substituída por 20 artigos a serem incluídos na parte especial do Código Penal. Entre as boas inovações estava a tipificação do crime de terrorismo, tratado perfunctoriamente pelo artigo 20 da LSN. Terrorismo passaria a ser definido como a prática de qualquer ato, em instalações públicas ou de uso coletivo, que, por facciosismo político ou religioso, tenha como objetivo infundir medo em determinados segmentos ou em toda a sociedade.

Este impulso renovador foi arrefecido com a saída de Reale Júnior do governo. Enquanto FHC decidia o que fazer com o anteprojeto, no dia 20 de novembro de 2002, a Comissão de Constituição e Justiça da Câmara de Deputados aprovou por unanimidade o projeto dos deputados José Genoíno e Milton Temer que revoga a LSN.[15] "Era um dos últimos, digamos assim, lixos do período autoritário e felizmente nós iniciamos hoje, de forma concreta, o seu sepultamento" — acrescentou o deputado Inaldo Leitão (PSDB-PB), relator do projeto (Carvalho, 2002). Ledo engano. O projeto nunca foi levado a plenário...

A LSN por pouco não foi usada contra uma quadrilha que atuava no município de Carapebus no Rio de Janeiro. Onze

[14] "Reale propõe extinção da Lei de Segurança", *O Globo*, 17 de abril de 2002.
[15] "Comissão revoga a LSN", *Jornal do Brasil*, 21 de novembro de 2002.

integrantes invadiram, em 17 de agosto de 2000, o Destacamento de Policiamento Ostensivo (DPO) fardados e se identificaram como membros das Forças Socialistas de Libertação Nacional (FSLN). A Polícia Federal pensou em enquadrá-los na LSN. Como ficou constatado que o objetivo do grupo era assaltar um banco e conseguir dinheiro para comprar armas, a LSN não foi aplicada (Penafort e Jansen, 2000).

A manutenção da LSN não foi a única medida tomada por FHC para proteger interesses da ideologia de segurança nacional e atender aos militares. Embora tenha sido um professor universitário e pesquisador de renome internacional, no apagar das luzes de seu governo, mais precisamente no dia 27 de dezembro de 2002, o presidente assinou o Decreto n. 4.553 que dispõe sobre a salvaguarda de dados, informações, documentos e materiais sigilosos de interesse da segurança da sociedade e do Estado, no âmbito da Administração Pública. Este Decreto entrou em vigor 45 dias após sua publicação, ou seja, já no governo Luiz Inácio Lula da Silva. Um dos objetivos foi o de evitar a publicização de documentos sobre a Guerrilha do Araguaia. Há a suspeita de que houve ordens institucionais de prática de tortura.

O Decreto n. 4.553 restringiu o acesso do cidadão aos papéis da administração pública.[16] A Lei dos Arquivos (n. 8.159, de 8 de janeiro de 1991) fixa o limite de inacessabilidade à documentação sigilosa por até 30 anos, renováveis por mais 30. No entanto, de acordo com este Decreto um documento classificado como "reservado" que estava prote-

[16]Até então vigorava o Decreto n. 2.134, de 24 de janeiro de 1997. O limite máximo para a manutenção de sigilo era de trinta anos para os documentos considerados ultra-secretos. Os secretos só podiam ser revelados depois de vinte anos; os confidenciais depois de dez anos e os reservados, cinco anos.

gido por cinco anos foi prorrogável por mais cinco. Os de natureza "confidencial" que eram protegidos por dez foram prorrogáveis por mais dez. Os "secretos' passaram de 20 para 30 anos, prorrogáveis por mais 30. Já os "ultra-secretos" que recebiam classificação apenas do presidente da República ou dos chefes dos Poderes Legislativo e Judiciário, foi atingido duplamente. Antes ficavam protegidos por 30 anos. Agora, 50 ou a eternidade a depender dos ministros e comandantes militares (Gaspari, 2002).

A ex-diretora do Arquivo Nacional, Celina Amaral Peixoto, lembrou que "só as ditaduras têm prazos, superiores a 30 anos para abertura de documentos" (Góis, 2003). Aproveitou para escrever ao ministro-chefe da Casa Civil do governo Lula, José Dirceu, pedindo a revogação do decreto tucano. Detalhe: o artigo 22 da Lei n. 8.159, de 1991, estipula "o direito de acesso pleno aos documentos".

Os primeiros estragos deste Decreto à pesquisa científica já foram detectados. Alunos do mestrado em História Social da Universidade Federal do Rio de Janeiro, sob a orientação do Prof. Carlos Fico, foram impedidos pela direção do Arquivo Nacional de acessar a documentação da extinta Divisão de Segurança e Informações (DSI) do Ministério da Justiça. Esta divisão bisbilhotava dentro deste ministério as pessoas que eram consideradas perigosas ao regime militar.

"O acervo da DSI do Ministério da Justiça foi o único transferido para o Arquivo Nacional até hoje. Há uma imensa quantidade de documentos que eu não consegui pesquisar e que agora estão novamente inacessíveis por conta do decreto", disse Fico (Melo e Cariello, 2004). O historiador Sérgio Henrique da Costa Rodrigues, também, foi um dos prejudicados. "No acervo da DSI do Ministério da Justiça, há relatos de bispos perseguidos e torturados, cujos processos interferiram nas relações entre o Estado brasileiro e o Vaticano durante o regime militar. Infelizmente, não pude olhar esses documentos", disse Rodrigues, que faz mestrado sobre as relações do Brasil com o Vaticano entre 1964 e 1985 (ibid).

O diretor-geral do Arquivo Nacional, Jaime Antunes, confirmou que proibiu o acesso de pesquisadores à documentação da DSI, pois tem de cumprir o que estipula o Decreto n. 4.553. Como é um crítico deste Decreto, Antunes enviou, na qualidade de diretor-geral do Arquivo, em julho de 2003, um requerimento à Casa Civil da presidência da República[17] pedindo a revogação deste Decreto que é inconstitucional por ser contrário à Lei dos Arquivos, que lhe é superior. Não obteve resposta.

Foi preciso que os eventos que levaram a saída do ministro da Defesa, José Viegas, em 2003, para que o tema voltasse à mídia. Um dos pontos de atrito de Viegas com o comandante do Exército deu-se em torno da questão dos documentos do regime militar.

Ante a repercussão negativa do Decreto n. 4.553/2002, assinado antes de sua partida da presidência da República, FHC afirmou que na pressa dos últimos dias de presidência assinou o decreto, que lhe foi apresentado pela assessoria do General Alberto Cardoso, sem medir as conseqüências do mesmo.[18] E que não se opunha a revogação do mesmo.

Diante disto, o governo Lula resolveu agir. Publicou o Decreto 5.301, em 10 de dezembro de 2004, restaurando os

[17]"Chefe de arquivo diz que cumpre norma em vigor", *Folha de S. Paulo*, 8 de fevereiro de 2004.

[18]"FHC criou prazo de 50 anos para papéis ultra-secretos", *O Estado de S. Paulo"*, 12 de novembro de 2004.

prazos determinados pela Lei dos Arquivos e garantidos o acesso ao público dos documentos sigilosos a partir do vencimento dos seus prazos. Este Decreto também criou a Comissão de Averiguação e Análise de Informações Sigilosas, composta pelos ministros da Casa Civil, da Justiça, da Defesa e das Relações Exteriores, além do chefe do Gabinete de Segurança, o advogado-geral da União e o secretário especial de Direitos Humanos da presidência da República. Abriu, todavia, a brecha para que documentos pudessem ficar eternamente sigilosos...

GUERRILHA DO ARAGUAIA

A Guerrilha do Araguaia (sul do estado do Pará) aconteceu entre os anos de 1972 e 1974. O Partido Comunista do Brasil (PC do B) planejava repetir a guerra popular prolongada a partir do campo inspirado nas revoluções chinesa e cubana. O Exército fez a primeira ação bélica na região em 12 de abril de 1972. Voltou à carga em setembro deste mesmo ano. Finalmente, em 7 de outubro de 1973, empregando pára-quedistas, fuzis FAL e metralhadoras leves, uma nova operação foi realizada. Em março de 1974 a guerrilha estava completamente derrotada.[19]

O Exército derrotou os guerrilheiros, mas não entregou os corpos até hoje. Suspeita-se que a tortura tenha sido institucionalizada pelo Exército no Araguaia, e por isso mesmo a história verdadeira não poderia ser contada. O Exército alega não possuir arquivos que possam ajudar os familiares.

[19]"Conflito no Sul do Pará durou de 1972 a 1974", *Folha de S. Paulo*, 16 de setembro de 2001.

Embora o governo tenha arquivos sobre a Guerra dos Canudos, Revolta Praieira, a Cabanada e Revolta dos Alfaiates.

Criou-se um imbróglio político, pois o luto é um direito humano: o de cada um enterrar seus mortos. Já Antígona, na tragédia de Sófocles, lutou para sepultar seu irmão morto. Invocou os deuses da família e enfrentou o poder constituído do Estado. O Direito brasileiro considera crime destruir, subtrair ou ocultar cadáver. Bem como perturbar cerimônia funerária ou violar sepulturas. De Sarney a FHC, todos os presidentes lavaram as mãos. Não deram paz aos vivos.

Não aceitando esta versão do Exército, a Comissão de Familiares de Mortos e Desaparecidos Políticos entrou em contato com o Ministério Público da União pedindo informações sobre os desaparecidos. Em julho de 2001, quatro procuradores de São Paulo (Marlon Weicher), Pará (Ubiratan Cazetta e Felício Pontes) e Brasília (Guilherme Schelb) agiram em conjunto. Abriram um inquérito civil público e foram fazer investigações no sul do Pará, juntamente com duas pessoas que tiveram parentes mortos na guerrilha. Queriam colher dados com a população local que presenciou o confronto e poderia fornecer informações sobre o paradeiro dos corpos.

Os procuradores se depararam com um grupo de pessoas, que embora fossem militares se apresentavam como jornalistas, praticavam o assistencialismo e exigiam silêncio dos moradores. "Se contarem alguma coisa sobre a guerrilha vão voltar a apanhar", diziam (Schelb e Weicher, 2001). Os procuradores descobriram que antigos colaboradores do Exército no Araguaia foram bem recompensados: ganharam lotes de terra ao longo de uma das estradas abertas pelos militares. Também receberam armamento e porte de armas, mas eram mantidos sob vigilância militar através da operação "Anjos da

Guarda" (Michael, 05/07/2001). Os procuradores flagraram três "jornalistas" entregando agrados a um guia. A *Folha de S. Paulo* revelou na sua edição de 25 de julho de 2001 a existência desta operação de monitoramento de ex-colaboradores. O Exército negou oficialmente a informação.

No curso da diligência, os procuradores desconfiaram de movimentação em uma área no bairro de Nova Marabá, na cidade de Marabá. A área ficava situada em dois lotes cercados por altos muros. Em um deles havia um canil, dois cães e um estacionamento. No outro lote havia uma casa e um portão de ferro que unia os dois lotes. Na casa trabalhavam 12 pessoas que se identificavam falsamente como jornalistas. Eram agentes de inteligência militar. Passando-se pelo portão, havia uma recepção e sobre uma mesa um livro de registro diário com o fictício nome da empresa jornalística: "RP Free Lance". Os procuradores tentaram conseguir informações na sede da mencionada empresa. Em vão.

Documentos obtidos pelo *Jornal do Brasil* revelam que Marabá é uma das 29 seções destinadas a operações de informações secretas existentes no país. Em 7 de novembro de 1995, o então ministro do Exército, Zenildo Lucena, através da Portaria n. 081 (reservada), criou sete Companhias de Inteligência (Cias Intelg) e 22 Grupos Destacados, subordinados aos sete Comandos Militares regionais.[20] Nestes grupos

[20]Os efetivos das companhias variam de acordo com a importância estratégica do Comando Militar a que estão subordinadas. Quanto mais relevante a área, maior o número de pessoas destacadas para atividades de espionagem. Os maiores efetivos estão na 2.ª Cia Intelg — no Rio, Comando Militar do Leste; na 3.ª, em São Paulo, Comando Militar do Sudeste; e na 1.ª, no Rio Grande do Sul, Comando Militar do Sul. Estas três companhias estão divididas em quatro Grupos de Operação e um de Apoio Operacional. Há outras menores divididas em três times de Operação de Inteligência. Existem, também, pequenas unidades intituladas Grupos Destacados. Marabá é uma dessas.

trabalham 541 agentes. As companhias substituíram as SSOp (Subseções de Operações), mas praticamente copiaram suas estruturas que, por sua vez, foram inspiradas no modo como funcionou o DOI (Destacamento de Operações e Informações) e o CODI (Centro de Operação de Defesa Interna), órgãos de informação e repressão do regime militar (Gomide e Pinheiro, 2002).

Compare-se esta situação com a do Decreto Regulador n. 950 da Lei de Inteligência Nacional da Argentina. Pelo mesmo, estabelece-se que o papel das Forças Armadas em matéria de inteligência concentrar-se-á em analisar e investigar supostos inimigos militares de outros países. Descarta-se a possibilidade que possam efetuar atividades de inteligência relacionadas com assuntos de segurança interna.[21]

Segundo os mencionados autores da reportagem, a Portaria n. 081 estabelece como concepção geral "criar uma estrutura militar operacional padrão" e "utilizar a inteligência militar como instrumento norteador de decisões para a formulação de Planejamento Estratégico nos Comandos Militares de Áreas" para "prestar apoio de Inteligência aos Comandos Militares de Área". Esta estrutura de inteligência está ligada diretamente ao comandante do Exército, na época o general Gleuber Vieira e tem no CIE (Centro de Inteligência do Exército) seu órgão máximo.[22]

Os procuradores descreveram o que viram ao ministro-chefe do Gabinete de Segurança Institucional, general Alberto Cardoso. E solicitaram informações sobre se a atuação pre-

[21] *Clarín*, 7 de junho de 2002.

[22] O CIE foi criado em 1967 para ajudar no combate à guerrilha urbana. A guerrilha acabou, mas o CIE continua em plena atividade.

senciada era oficialmente das Forças Armadas. Passados dez dias, e sem terem uma resposta governamental sobre se tal escritório era efetivamente uma unidade do Exército, os procuradores propuseram uma ação judicial de exibição de documentos. A liminar foi concedida pelo juiz federal de Marabá. Na véspera de execução material da medida, o Centro de Comunicação Social do Exército, através de nota oficial, afirmou inexistir "escritório de inteligência" em Marabá e que a atuação do Exército na região se dá por meio da 23ª. Brigada de Infantaria da Selva.[23]

> Como relatam Schelb e Weicher (2001), "procedeu-se então ao cumprimento da decisão judicial, inicialmente com uma intimação para exibição de documentos, a qual, recusada pelo habitante do imóvel, foi convertida em busca e apreensão (como prevê o ordenamento processual brasileiro). Somente após a apreensão do primeiro lote de documentos é que o habitante informou tratar-se de uma unidade militar, embora sem revelar sua efetiva destinação. A medida foi cumprida com absoluta tranqüilidade.[24] O único contratempo ocorreu quando um tenente apareceu e disse ao vigilante que deveria ter atirado nos oficiais de Justiça. Esta execução foi filmada e está certificada na ação judicial, afastando, cabalmente, versões inverídicas de que os oficiais de Justiça, procuradores da República e policiais federais teriam pulado o muro do imóvel, ameaçado o vigilante com arma de fogo e deixado de apresentar o mandado judicial.
>
> Toda a operação foi realizada com transparência e estrita observância do ordenamento jurídico. Até mesmo a pro-

[23]"Exército admite atividades cívicas e sociais no PA", *Folha de S. Paulo*, 25 de julho de 2001.

[24]O mandado de busca e apreensão foi obtido em 25 de julho de 2001.

> dução de matérias jornalísticas sobre o material apreendido decorreu de decisão judicial, que não deu ao processo caráter sigiloso. A investigação do Ministério Público Federal produziu mais de 40 depoimentos, filmagens e gravações, permitindo traçar um panorama do que foi a guerrilha do Araguaia e, pela primeira vez, o que ela representou para os moradores da região. Locais de possível sepultamento foram identificados, sendo talvez a última chance para escavações, diante do desmatamento e da implantação de projetos hidrográficos na região".

Ao entrarem na casa, os procuradores descobriram que lá, na verdade, funcionava um Órgão de Inteligência (OI) do Exército. O imóvel não estava registrado no cartório e pertence à Eletronorte (Cia. de Eletricidade do Nordeste) que, em 1991, o cedeu em regime de comodato ao Exército. Apreenderam vários documentos, um deles confirmava a existência da operação "Anjo da Guarda" como se pode ler neste trecho: "Apoio junto ao CIE (Centro de Inteligência do Exército) referente à aprovação das operações Anjo da Guarda (desmobilização de ex-guias do Araguaia), Castanheira (crime organizado e madeireiras) e Gavião (ONGs e índios)..." (Souza, 2001).

Os documentos encontrados não faziam referência apenas à Guerrilha do Araguaia, mas às atividades de inteligência militar na região pós-fim do regime militar. Esses documentos (cartilhas, manuais, relatórios e até fichas de informantes e colaboradores) expõem os subterrâneos da máquina de espionagem castrense. E foram anexados ao inquérito aberto e, por serem de domínio público, foram publicados pela *Folha de S. Paulo,* jornal de maior circulação no Brasil, em sucessivas edições.

Tais documentos secretos revelam que o Exército, sob o governo Fernando Henrique Cardoso, classificava movimentos sociais como "forças adversas" e admitia "arranhar direitos dos cidadãos" em nome da manutenção da lei e da ordem. Nos arquivos do Exército, o MST é equiparado ao narcotráfico e ao crime organizado. Seus integrantes são tratados como adversários que, em certas ocasiões, podem ser "eliminados" (Souza, 02/08/2004).

O material destruiu a tese governamental de que a extinção do SNI (Serviço Nacional de Informações) daria lugar a um modelo de inteligência apartidário e submetido ao controle do Congresso. Ao contrário, mostra que princípios da Doutrina de Segurança Nacional continuam em vigor, como sugere a definição de "forças adversas". Diz o documento que tais forças "são grupos, movimentos sociais, entidades e organizações não-governamentais e qualquer pessoa que não tenha a necessidade de conhecer o OI [Órgão de Inteligência], que provocam reflexos negativos para a segurança nacional [...]. No momento atual, verificam-se exemplos dessas entidades no crime organizado, no narcotráfico e nos movimentos populares como o MST" (Souza, 02/08/2001).

O Exército declarou-se surpreso com a terminologia usada na cartilha do "Curso Intermediário de Inteligência". Segundo nota oficial, isso já deveria estar erradicado, dando a entender que houve uma decisão pessoal em vez de institucional. Contudo, contrariamente ao que afirma a mencionada nota, a idéia de "eliminar" integrantes de movimentos classificados como "forças adversas" não consta da mencionada cartilha, mas de um "Plano de Segurança Orgânica" de defesa das instalações de escritório de inteligência mantido pelo Exército em Marabá (PA).

Segundo o Plano, forças "adversas" "são grupos, movimentos sociais, entidades e organizações não-governamentais e qualquer pessoa que não tenha a necessidade de conhecer o OI (Órgão de Informação), que provocam reflexos negativos para a Segurança Nacional, por meio de ações que exacerbam fatores adversos ou antagonismo e causam prejuízos às instituições democráticas. No momento atual, verificam-se exemplos dessas entidades no crime organizado, no narcotráfico e nos movimentos populares como o MST".

No início do ano 2000, o Exército detectou "uma radicalização das atividades do MST" na Amazônia. As lideranças do movimento adotaram a prática de se reunir "sigilosamente", dificultando o trabalho de espionagem. Diante disto, foi criada a "Operação Tempestade" que atuou ao redor dos municípios paraenses de Marabá e Tucuruí. O objetivo era "levantar a localização e a data de invasões, manifestações e ocupações" do MST. Foram utilizadas duas equipes: Ômega e Delta. A primeira era composta de três agentes com os pseudônimos de: Formiga, Carioca e Maranhão. A outra contou com os agentes: Gaúcho e Pará. Os espiões receberam falsas carteirinhas de jornalista. Foram às ruas disfarçados como funcionários da agência de notícias "RP Free-Lance".

A "Operação Tempestade" durou até 28 de setembro de 2000. As duas equipes trabalharam paralelamente: uma não tinha conhecimento do trabalho da outra. Os agentes usavam telefones públicos e falavam em código. Não citavam "nomes de integrantes de forças adversas pelo telefone" e não podiam empregar "termos militares" nos contatos com militantes do MST, como, por exemplo, "positivo". Os espiões não podiam portar nem identidades militares nem armamentos. Caso uma "falha de segurança" levasse à identificação do agente, ele deveria “evitar entrar em contato imediato com o órgão de inteligência”, localizado numa casa em bairro residencial da cidade de Marabá.[25]

Como alguns líderes do MST têm um discurso leninista-guevarista, o Exército deflagrou, no final de 1998, um plano secreto para espionar o MST: “Operação Pescado”. Tal operação possui duração “indeterminada” e as verbas públicas são de cunho sigiloso. Os agentes militares receberam os codinomes de peixes da região: Pirarucu, Dourado, Pintado, Lambari etc. Eles procuraram associar, sem apresentar qualquer prova, o MST, o PT e a Central Única dos Trabalhadores (CUT) com a formação de organizações paramilitares.

O Exército, em 1988, deflagrou uma operação para espionar o MST. O MST não é a única sigla sob vigilância. Também são espionados outros movimentos como: MLT (Movimento de Luta pela Terra); TRB (Movimento dos Trabalhadores Rurais Brasileiros); MNT (Movimento Nacional dos Trabalhadores); MMBTRST (Movimento Muda Brasil dos Trabalhadores Rurais Sem Terra). Por razões de segurança, o Exército não infiltra seus próprios agentes em acampamentos e reuniões do MST. Prefere obter informações por meio de colaboradores. Chama-os por pseudônimos aquáticos: Pirarucu, Dourado, Pintado, Lambari, Poraquê etc (Souza, 15/08/2001).

Documento secreto da “Operação Pescado”, de 25 de abril de 2000, diz: “[...] foi verificado que o MST, juntamente com a CUT e o PT, vem montando uma brigada formada para o

[25]“Agentes utilizavam disfarce de jornalista”, *Folha de S. Paulo*, 15 de agosto de 2001.

ataque e defesa em suas operações... conhecida como Brigada Cabanos, essa parcela do movimento tem se revelado uma organização paramilitar. É um dado que deve ser observado e confirmado durante as missões... Tendo em vista o ano corrente ser eleitoral, os partidos de oposição com certeza apoiarão, de forma direta e indireta, as ações de diversas entidades que têm como objetivo a desordem" (Souza, 15/08/2001). Detalhe: o PT liderava as pesquisas para a eleição presidencial de 2002. O presidente da CUT negou veementemente a acusação.[26]

A Comissão Pastoral da Terra e o Conselho Indigenista Missionário, ambos ligados à Igreja Católica, também foram espionados pela "Operação Pescado". Os tentáculos dos espiões do Exército são amplos. Os órgãos militares de inteligência realizam espionagem política, econômica, empresarial e social em todas as regiões do país. O Exército classifica os jornais segundo a sua "posição partidária", "dependência do poder econômico" e "grau de influência exercido pelo governo". Editores e autores de textos jornalísticos são catalogados segundo "a personalidade" e as "relações pessoais" que mantêm. Os agentes militares são treinados para monitorar índios, "autoridades das unidades da Federação"; ONGs (organizações não-governamentais), sindicatos, empresas, e até mesmo órgãos governamentais como Corpo de Bombeiros e polícias Rodoviária, Civil, Militar e Federal.

[26]"Texto do Exército é 'obra de algum lunático', diz CUT", *Folha de S. Paulo*, 15 de agosto de 2001.

A REAÇÃO MILITAR E A FRAGILIDADE DO GOVERNO

FHC, na qualidade de comandante-em-chefe das Forças Armadas, reagiu timidamente às denúncias de que na Escola de Inteligência do Exército ensina-se que para a "manutenção da ordem" pode-se "arranhar os direitos do cidadão", e aplica-se a teoria do "arbítrio necessário". Em vez de manifestar pessoalmente seu repúdio, limitou-se a dizer que desconhecia o assunto e determinou que o ministro da Defesa, Geraldo Quintão, e o comandante do Exército, general Gleuber Vieira, investigassem o assunto.

A timidez de FHC necessita ser contextualizada. Em outubro de 2000, FHC teria resolvido demitir o comandante do Exército, general Gleuber Vieira, por declarações públicas criticando a falta de verbas e os baixos salários. Enfrentou, então, a mais séria crise militar de sua gestão.[27] A decisão presidencial chegou aos quartéis. Imediatamente, 155 generais de todo o país se reuniram em Brasília, sem a presença do ministro da Defesa em ato de desagravo. FHC entendeu a mensagem e logo escalou o general Alberto Cardoso, ministro-chefe do Gabinete de Segurança Institucional, para anunciar que o general Gleuber não seria mais demitido. FHC não quis se indispor novamente com o comandante do Exército, seu subordinado.

O general Alberto Cardoso deu o tom de como as denúncias seriam tratadas. Ele classificou-as como um "problema setorial, pontual que está sendo resolvido pelo comando das Forças Armadas".[28] Como se um plano com tamanha infra-

[27]Ver mais detalhes no capítulo sobre o Ministério da Defesa.

[28]"'Exército tem sentimento democrático', diz Gregori", *Folha de S. Paulo*, 10 de agosto de 2001.

estrutura e tantos gastos pudesse ser fruto de uma atitude isolada. O general Cardoso lembrou que o artigo 142 da Constituição Federal atribui às Forças Armadas, além da defesa da pátria, a manutenção da lei, da ordem e a defesa dos poderes constitucionais. Por isso mesmo, elas precisam investigar qualquer ameaça a esses fundamentos. Toda ação, portanto, fora constitucional e legal.

Isso não aplacou a insatisfação do general Gleuber, tido como um dos mais democratas da instituição. No dia 25 de agosto de 2001, Dia do Soldado, o general emitiu uma dura Ordem do Dia fazendo tanto críticas diretas ao Ministério Público e à imprensa, como, indiretamente, aos seus superiores por não saírem em defesa da Força. O documento, assinado pelo comandante do Exército, general Gleuber Vieira, foi lido na presença do ministro da Defesa, Geraldo Quintão, durante a cerimônia do Dia do Soldado, em Brasília. Dentre outras palavras, diz o texto:

> Custa ser Caxias quando presenciamos nossa instituição, responsável constitucionalmente pela garantia da lei e da ordem, ser atingida pelos que têm o dever de fiscalizar o cumprimento dos preceitos legais, sob a busca insensata de efeitos de mídia... Custa ser Caxias quando vemos o uso arbitrário da informação de interesse público, que denuncia, apura, julga e condena pessoas e instituições à sombra de um maniqueísmo cego, negando, em nome de um passado recente, o espírito de pacificação [...] presenciamos nossa instituição, responsável constitucionalmente pela garantia da lei e da ordem, ser atingida pelos que têm o dever de fiscalizar o cumprimento dos preceitos legais, sob a busca insensata de efeitos da mídia... A violência manifesta-se, muitas vezes, sem o desem-

> bainhar de sabres... Ela vem sob a cobertura de causas nobres, em cujo abrigo muitos pregam e praticam a agressão à lei e à ordem constituída ao arrepio dos interesses nacionais (Suwwan, 28/01/2001).

Ora, a ação do Ministério Público Federal foi legal e a *Folha de S. Paulo* publicou as informações que foram anexadas ao inquérito que não corria em segredo de Justiça.

O general saiu para o ataque sem explicar, todavia, os fatos apurados pelos procuradores. E sinalizando que não explicaria. Seu colega, o comandante da Aeronáutica Carlos de Almeida Batista, respaldou o general Gleuber. E mandou sua mensagem política: "Num momento como esse, quem precisa de mais marola? Precisamos de ondas serenas para que o presidente e sua equipe possam concluir o seu mandato" (Suwwan, ibid.).

Os superiores do general preocupados em terminar seu mandato, reagiram discretamente. O ministro Quintão não comentou a ordem do dia, e o presidente Fernando Henrique Cardoso afirmou que não iria opinar, pois "não há ordem do dia, deve ser algum boletim interno" (Suwwan, ibid.)

Em nota anterior à ordem do dia, o general Gleuber havia assumido posição mais serena. Manifestando surpresa com o teor de alguns papéis, prometeu apurar, em inquérito, "eventuais transgressões" às suas diretrizes. Acenou com a adoção de "imprescindíveis correções". Se as correções foram adotadas não se sabe, pois se instaurou o manto do sigilo.

A intimidação castrense parece ter rendido frutos. A União, em 20 de agosto de 2001, entrou na Justiça, com um mandado de segurança contra a ordem de busca e apreensão dos documentos na casa do Exército em Marabá. O juiz João Batista Moreira, do Tribunal Regional Federal, negou o pedido alegando que a União não era parte interessada, e sim o Exército. Três dias após a mencionada ordem do dia, o mesmo juiz reconsiderou este entendimento. Determinou que o Ministério Público devolvesse os documentos ao Exército.

No dia 30 de agosto de 2001, o Conselho Superior do Ministério Público Federal divulgou nota em que manifesta "perplexidade com os termos da ordem do dia" distribuída pelo Exército (Souza, 31/08/2001). A mensagem militar foi considerada "precipitada". "Os membros do Ministério Público e os servidores que os acompanharam na execução do mandado judicial [de busca e apreensão dos papéis do Exército] observaram fielmente as prescrições legais", diz a nota do conselho de Procuradores, "não tendo havido quebra de sigilo funcional nem a intenção de praticar qualquer ato atentatório ao Exército".

Quintão compareceu ao Congresso Nacional, onde justificou a necessidade da inteligência militar acompanhar as atividades do MST e não comentou sobre os outros fatos. Informou que a Aeronáutica forneceria helicópteros para ajudar na busca dos desaparecidos. Simultaneamente deu a entender qual seria o resultado destas buscas: "Não se pode exigir das Forças Armadas atuais que tenham em seus arquivos todas as anotações de onde esses jovens foram enterrados". (Suwwan, 06/09/2001).

Portanto, FHC e Quintão lavaram as mãos; o Exército não foi responsabilizado pelo ocorrido; o Judiciário vacilou; o Parlamento praticamente ignorou o ocorrido e a imprensa deixou de falar sobre o caso. E o jornalista que divulgou os documentos terminou por responder a inquérito policial militar.

Esta falta de acountabilidade é mais uma evidência de que a velha ordem política ainda não foi destruída. Isto significa que não foi substituída por uma plena ordem democrática. O hibridismo institucional persiste. Os militares, tigres de carne e osso, continuam a estabelecer certos limites para o funcionamento da frágil democracia brasileira.

7

O Ministério da Defesa brasileiro

> *A verdadeira dificuldade não está em aceitarmos idéias novas, está em escaparmos das idéias antigas.*
>
> Keynes

Falácia da autonomia é a crença na possibilidade de analisar o Ministério da Defesa brasileiro separado do contexto político que o criou. É impossível esperar que tal ministério atue de acordo com os princípios democráticos se o sistema político não se move nesta mesma direção. Por isso mesmo, o modo como o Ministério da Defesa funciona é um dos indicadores da (falta de) saúde da democracia no país.

Escrevi "funciona", pois sua criação *per se* não é suficiente para garantir que as Forças Armadas estão submetidas ao controle civil. Por isso mesmo, não compartilho com a posição de Carvalho (1999). Encantado com a criação do Ministério da Defesa ele não se conteve: "A criação do Ministério da Defesa vai ser talvez o ponto final do enquadramento das Forças Armadas na vida democrática." Ledo engano, como veremos.

A CRIAÇÃO DO MINISTÉRIO DA DEFESA[1]

A criação de um Ministério da Defesa foi promessa de campanha de Fernando Henrique Cardoso. Desde logo, incumbiu o ministro-chefe do Estado-Maior das Forças Armadas (Emfa), general Benedito Onofre Leonel, desta missão. Esta escolha foi crucial. Ela indicava que a concepção do Ministério da Defesa (MD) teria uma percepção militar, embora fosse criado como instância de poder civil. Além do mais, o fato do Emfa ser um órgão burocrático e com poderes inferiores aos Ministérios da Marinha, Exército e Aeronáutica, sinalizava para os futuros limites do novo ministério.

O projeto pouco avançou durante os quatro primeiros anos do mandato de FHC. A ponto de o presidente ter mudado as regras de tempo de permanência no comando do Emfa para permitir que o general Leonel continuasse à frente do mesmo. Até então somente oficial-general da ativa poderia ocupar tal cargo. Com tempo de ir para a reserva, FHC garantiu a permanência do general Leonel à frente do Emfa para que ele terminasse o esboço do novo Ministério da Defesa. Feito isto, como prêmio, o general Leonel ganhou o posto de observador militar brasileiro nas Nações Unidades em Nova York, com salário mensal em torno de US$ 15 mil.[2]

[1]Em 1967, o general presidente Castelo Branco promulgou o Decreto-Lei n. 200, cujo texto preconizava estudos com vistas à criação do Ministério das Forças Armadas. A idéia foi torpedeada pela rivalidade entre as três Forças, e afundou.

[2]Existe similar posto de observador militar em Genebra. Estes cargos foram criados pelo presidente José Sarney para agradar militares que cooperaram com a sua subida ao poder. Embora FHC tenha patrocinado uma Reforma Administrativa do Estado, tais cargos foram mantidos. Lula, até o momento, segue a mesma trilha de Sarney, Collor, Itamar e FHC.

A tarefa do general Leonel foi suavizada devido a um componente externo. Bastou os EUA anunciarem que a Argentina seria seu sócio militar extra Otan (Organização do Tratado do Atlântico Norte). Imediatamente surgiu a declaração, no dia 17 de agosto de 1997, do presidente Carlos Menem de que o lugar dos países latino-americanos no Conselho de Segurança da ONU deveria ser rotativo. E não fixo para o Brasil, como desejava a diplomacia verde-amarela, para que o tema do Ministério da Defesa voltasse às páginas dos jornais.

A ocasião escolhida por FHC foi a reunião do Grupo do Rio em Assunção. No dia 24 de agosto de 1997, o presidente brasileiro anunciou a criação do MD. Foi uma clara manobra política para favorecer a candidatura do Brasil a um assento no Conselho de Segurança da ONU, já que seria difícil explicar ao mundo como um país com vaga neste Conselho aspira decidir sobre questões de segurança internacional tendo quatro ministros militares respondendo pela pasta da Defesa. Pela gênese de sua criação, percebia-se que o MD não foi primordialmente criado para ajudar a submeter os militares ao controle democrático civil. Mas, para fins instrumentais. Fatos posteriores viriam a confirmar a suspeita.

A tentativa de agradar aos militares e garantir uma vaga no Conselho de Segurança da ONU ficou manifesta no Projeto de Emenda Constitucional (PEC). O relator da PEC, o deputado Benito Gama, da aliança governista,[3] afirmou que o novo ministro da Defesa civil seria uma espécie de "rainha da Inglaterra", ou seja, reina, mas não governa. Noutras pala-

[3]Na época, Gama pertencia ao Partido da Frente Liberal (PFL) do estado da Bahia. Posteriormente, se transferiu para o Partido do Movimento Democrático Brasileiro (PMDB).

vras, o ministro da Defesa seria peça decorativa, pois o poder, de fato, continuaria nas mãos dos militares (Lacerda e Carvalho, 1998). Caberia ao ministro da Defesa as limitadas atribuições como a de centralizar o orçamento das Forças Armadas, comprar armas e redigir a política de defesa do Brasil.

A fragilidade institucional do novo ministro da Defesa é evidente. No modelo norte-americano, a posição institucional do ministro da Defesa é fortalecida. Este modelo foi logo descartado pelos militares brasileiros sob a alegação de termos peculiaridades distintas. O fato é que o Ministério da Defesa do Brasil não possui um Estado-Maior Geral forte que comande Marinha, Exército e Aeronáutica. O ministro da Defesa, lembra Lopes (2001), "lida diretamente com os comandantes de cada Força. Ao Estado-Maior Geral denominado no Brasil de Estado-Maior da Defesa, cabe função de assessoria de cunho específico militar. Também é preciso ressaltar: apesar dessa linha direta com os comandantes militares [que o ministro da Defesa] não ordena operações. No modelo americano, o secretário da Defesa controla pessoalmente os chamados Comandos de Área, completamente operacionais. Cada Força tem um subsecretário basicamente para tratar de assuntos administrativos".

Outra prova da fragilidade institucional do ministro da Defesa é que os comandantes militares do Exército, Marinha e Aeronáutica deixaram de ser politicamente ministros de Estado, mas mantiveram o status jurídico de ministro. Ou seja, cabe ao Supremo Tribunal Federal processar e julgar as infrações penais comuns e crimes de responsabilidade tanto dos ministros de Estado como dos comandantes militares.

Os comandantes militares são, também, membros natos do Conselho de Defesa Nacional e da Câmara de Relações

Exteriores e Defesa Nacional do Conselho de Governo. Destarte, o ministro da Defesa é o único ministro de Estado a carregar a tiracolo seus subordinados para as reuniões do referido Conselho e da mencionada Câmara. Tais comandantes também possuem a prerrogativa de, juntamente com o ministro da Defesa, indicar, ao presidente da República, os nomes para a promoção de oficiais-generais. A lista, portanto, será feita por três militares e um civil. Fica o registro, pois na prática isto pouco importa. Desde 1985 os presidentes da República acataram integralmente os nomes propostos pela cúpula militar para promoção.

FHC quis indicar o diplomata Ronaldo Sardenberg para ser o novo ministro da Defesa. Diante da histórica rivalidade entre o Itamaraty e as Forças Armadas, o presidente cedeu às pressões castrenses e foi em busca de outra alternativa. A escolha não poderia ter sido pior. Nomeou o ex-líder do governo no Senado, senador Élcio Álvares, que acabara de ser derrotado nas eleições em seu estado, Espírito Santo, e pessoa sem qualquer experiência profissional na área.[4] Na interpretação dos militares, FHC usou a pasta para empregar um político derrotado e dar um prêmio de consolação ao seu ex-líder, em vez de fortalecer o novo ministério.

Além disso, Álvares assumiu na qualidade de ministro extraordinário da Defesa. Seis meses depois, 10 de junho de 1999, foi empossado como ministro de Estado da Defesa. Neste momento, o Estado-Maior das Forças Armadas foi extinto e os Ministérios da Marinha, do Exército e da Aeronáutica transformados em Comandos. Portanto, o ministro nasceu

[4]Álvares teve que se desfiliar de seu partido político, o PFL, para assumir o ministério.

antes do ministério.[5] Em um intervalo de aproximadamente seis meses, nesta área o Brasil conviveu com cinco ministérios: o da Defesa, Marinha, Exército, Aeronáutica e Emfa. Enquanto esta situação perdurou, Álvares ficou na incômoda situação de ao assinar documento oficial ter de pedir a assinatura de seus subordinados, os comandantes militares.[6] Álvares era o homem, na hora e lugar errado.

Álvares procurou conquistar a simpatia dos militares. Chegou ao ponto de interceder politicamente no Senado, para que a indicação do general José Luís Lopes da Silva ao cargo de ministro do Superior Tribunal Militar (STM) fosse aprovada. É que o mencionado general comandou as tropas que invadiram a Companhia Siderúrgica Nacional, em 1988, resultando na morte de três grevistas. Álvares alegou aos senadores, que uma derrota na nomeação de Lopes, deixaria o Exército em uma situação delicada (Lima, 1999). Quem deveria ser réu, tornou-se juiz.

Na cerimônia de posse do novo ministro, todavia, já se podia pressentir o que ocorreria no futuro. "Vamos embora que a festa é do senador (Álvares)", disse o brigadeiro Walter Brauer, comandante da Aeronáutica, quando as autoridades faziam fila para os cumprimentos. Aliás, nenhum comandante das três Forças cumprimentou o novo Ministro da Defesa.[7] Um deles, o Almirante Mauro Pereira, não compareceu alegando problemas pessoais (França, 1999).

[5]Álvares despachava numa salinha no quarto andar do prédio do Emfa e foi, depois, transferido para uma outra pequena sala. Álvares só ocupou o gabinete do ministro-chefe do Estado Maior das Forças Armadas quando o *Diário Oficial* publicou sua nomeação como ministro efetivo da Defesa e não mais extraordinário.

[6]"Holofotes", *Veja*, 28 de abril de 1999.

[7]"Élcio Álvares x Forças Armadas", *Folha de S. Paulo*, 18 de dezembro de 1999.

A SAÍDA DE ÁLVARES

A crise que se delineava tomou novo fôlego com a decisão de Álvares de dar à sua assessora e amiga, Solange Antunes Resende, o poder de comandar reuniões com generais, almirantes e brigadeiros. A irritação dos quatro-estrelas aumentou quando a revista *IstoÉ* noticiou que Resende e seu irmão, Dório Antunes, sócio de Álvares num escritório de advocacia teriam defendido clientes envolvidos com o narcotráfico (Meireles, 1999).

A seguir nova denúncia neste mesmo sentido é feita pela Comissão Parlamentar de Inquérito do Narcotráfico (CPI). A CPI decidiu quebrar os sigilos bancário, fiscal e telefônico de Resende e seu irmão. Foi o mote para a indisciplina militar. O brigadeiro Brauer declarou que não daria conselhos ao seu superior por nunca ter passado por tal situação e lembrou que "a vida pública tem que ser bastante ilibada, transparente, que não deixe dúvidas" (Martins, 1999). Ou seja, Álvares e Resende deveriam deixar seus cargos, na visão do brigadeiro. Claro ato de indisciplina militar.

FHC resolveu intervir. Demitiu o brigadeiro Brauer e pediu o cargo de Resende. Álvares, por sua vez, ganhou uma sobrevida. A demissão de Brauer aumentou a insatisfação na Aeronáutica. Tanto é que FHC escolheu como novo substituto o brigadeiro Carlos de Almeida Baptista que atuava como juiz no Superior Tribunal Militar. Ou seja, o presidente não encontrou um oficial de confiança entre os que estavam em plena atividade.

Durante a cerimônia de posse de Baptista o clima foi de constrangimento. Brauer foi muito aplaudido após finalizar seu discurso de despedida eivada de críticas ao governo.[8] Afora esta manifestação, o comando da Aeronáutica providenciou um desfile de tropas, além de manobra aérea da qual participaram o "Sucatão"[9] (cercado por quatro jatos F-5 simulando reabastecimento); quatro Mirages; oito AM-X, um Boeing 737; um Learjet; e dois HS (Azeredo, 1999). O alinhamento das aeronaves simulava a falta de um companheiro de vôo, numa referência à ausência do brigadeiro Brauer (Leali, 1999).

Paralelamente, o Comando da Aeronáutica emitiu uma nota de apoio a Brauer constando a assinatura de oito tenentes-brigadeiros. A nota, dentre outras palavras, diz que Brauer "deixa o comando da Aeronáutica gozando do mais elevado respeito, admiração e confiança junto a seus pares do Alto Comando... [e que] o Alto Comando da Aeronáutica reafirma que os valores morais e éticos que sempre nortearam nossa instituição serão preservados a qualquer custo, sob a égide da hierarquia e da disciplina".[10]

Em seguida foi a vez do Clube da Aeronáutica organizar almoço de desagravo a Brauer. Na ocasião, com a presença majoritária de oficiais da reserva, as críticas contra o presidente da República subiram de intensidade. Em países deten-

[8]Uma delas foi contra o uso pouco parcimonioso de jatos da FAB, para fins particulares, por parte de alguns ministros de Estado. Vários destes ministros usaram aviões da FAB para conhecerem à paradisíaca ilha de Fernando de Noronha, no estado de Pernambuco. Brauer revelou à imprensa, no início de 1999, a lista com os nomes dos ministros, deixando o Planalto irritado com ele.

[9]Apelido do avião presidencial (Boeing 707) que FHC julgava inseguro. Brauer não concordava ao alegar ser o avião antigo na idade, mas não na quantidade de horas voadas. O vôo do "Sucatão" foi uma forma do Comando da Aeronáutica mostrar que as queixas de FHC eram exageradas.

[10]Segundo um ex-ministro da Defesa, a Aeronáutica teria sondado o Exército e a Marinha no sentido de promover um golpe de Estado. A proposta não contou com o apoio das duas outras forças.

tores de uma sólida cultura cívica, militares, uma vez fora das fileiras, se comportam como civis, em especial, na vida política do país. No Brasil, a patente ainda procura se impor à vida civil. O militar da reserva se vê como porta-voz do estamento militar. E o que porta-voz faz é falar.

O presidente do Clube, brigadeiro Ercio Braga, num tom sedicioso afirmou que "não se pode falar na legalidade de um Governo que, por sua ação, se torna ilegítimo, dado que o *compromisso do militar é com a nação, não com o Governo*" (Moreira Alves, 1999, grifos meus). O brigadeiro Ivan Frota, por sua vez, defendeu o impeachment de FHC. Já o deputado federal e capitão do Exército, Jair Bolsonaro, propôs que o Brasil seguisse o modelo Hugo Chávez, ou seja, um militar na presidência.[11] Em relação a FHC, Bolsonaro foi sincero: "Ele, para mim, tinha de ser fuzilado".[12]

A ira da Aeronáutica para com sua pessoa era, segundo Álvares, devido a outras razões. Ele havia descoberto que a Aeronáutica requisitara 27 mil passagens às companhias aéreas para trabalho de fiscalização da aviação civil. Considerou isto um exagero. Afora isto, Álvares trabalhava pela criação de uma agência nacional de aviação civil, o que retiraria poder da Aeronáutica. "Muitos brigadeiros aposentados que aplaudiram o discurso do Brauer no Clube da Aeronáutica ocupam cargos na Infraero, no DAC ou em companhias aéreas. Serão atingidos pelas mudanças que estou fazendo", finalizou Álvares.[13] O fato é que o DAC continuou até o final do governo FHC sob

[11] "Militares dão sinal amarelo ao governo Fernando Henrique", *Tribuna da Imprensa*, 29 de dezembro de 1999.

[12] "Discursos pedem impeachment e a volta ao poder", *O Estado de S. Paulo*, 29 de dezembro de 1999.

[13] Entrevista de Álvares concedida à revista *Época*, 16 de janeiro de 2000.

controle da Aeronáutica, e a Agência Nacional de Aviação Civil não decolou. Por sua vez, após 17 anos de comando militar, a Infraero passou a ser dirigida por um civil (França, 2000).

Receoso de que a rebeldia dos militares da reserva contaminasse os da ativa, Álvares procurou rapidamente fazer um afago na Aeronáutica. Conseguiu com o ministro interino da Fazenda, Amaury Bier, a liberação dos recursos restantes retidos do Ministério da Defesa. A verba de R$ 51 milhões foi destinada ao custeio do Sistema Integrado de Vigilância da Amazônia (Sivam).[14]

A autoridade de Álvares seria, mais uma vez, tisnada no último dia do ano. Durante o reveillon realizado no Forte de Copacabana com a presença do presidente da República, houve um desagradável incidente. Pouco antes do início da queima de fogos na praia de Copacabana, vento e chuva fortes danificaram a estrutura do galpão da festa organizada para FHC. Os fotógrafos Fernando Bizerra e Sheila Chaves, que estavam credenciados, registraram o ocorrido. Irritados, soldados do Exército agrediram os profissionais.

O incidente ocorreu numa sexta-feira. Somente na segunda-feira à tarde é que foi publicada uma nota oficial do Exército corroborada pelo Ministério da Defesa anunciando a abertura de um Inquérito Policial Militar. E isto devido à intervenção pessoal de FHC, pois a intenção original do Exército era abrir apenas uma sindicância. Em vez de Álvares sair em defesa do presidente, ocorreu o contrário. A impressão que ficou foi a de que Álvares sentiu-se intimidado em tomar uma decisão enérgica que desagradasse os militares.

[14]"Planalto adota estratégia do silêncio e prefere ignorar ato", *O Estado de S. Paulo*, 29 de dezembro de 1999.

Isto sem falar na ausência de Álvares no reveillon embora assinasse o convite oficial para a festa. Álvares saiu do episódio mais fraco do que quando entrou (Kramer, 2000). A situação era delicada, pois segundo o próprio Álvares, "o Ministério da Defesa é o fiador da democracia no Brasil".[15] Álvares cairia alguns dias depois.

O NOVO MINISTRO

Com a queda de Álvares, o novo ministro nomeado foi Geraldo Quintão que até então era o Advogado Geral da União. Uma de suas funções era a de proteger o patrimônio do Estado. No entanto pesava sobre ele uma investigação sobre vôos particulares financiados pelo mesmo Estado ao qual devia proteção. Um levantamento feito pela Aeronáutica revelou que entre janeiro de 1995 e dezembro de 1998, Quintão teria usado aviões da Força Aérea Brasileira (FAB) para viajar nos fins de semana para São Paulo, onde mora sua esposa. Ao todo, 32 viagens financiadas pelos impostos dos contribuintes (Leali, 2000).

O inquérito foi aberto pelo procurador da República, Guilherme Schelb, em 11 de maio de 1999, estando nele incluídos, afora Quintão, outros ministros de Estado. Ao se tornar pública a investigação, Quintão, irritado, acusou o Ministério Público de exibicionismo.[16] Segundo ele, tinha o direito de uso de transporte aéreo para se deslocar a sua resi-

[15]Entrevista concedida a *Época*, 16 de junho de 2000.

[16]"Quintão: Ministério Público é exibicionista", *O Globo*, 21 de janeiro de 2000.

dência.[17] Também alegou que viaja em aviões da FAB desde 1993, quando servia ao governo Itamar Franco e nunca o Ministério Público havia lhe repreendido. Schelb, por sua vez, rebateu as críticas de Quintão com um argumento sociológico: "É um ranço do nosso passado colonial ter carroça para carregar alguém especial."[18] Sociologia à parte, as viagens não foram consideradas ilegais.

Quintão assumiu logo anunciando ações que agradaram em cheio aos militares: estudo para aumento de soldos; incremento de verbas para a modernização das Forças Armadas, e defesa de um sistema previdenciário diferenciado do civil (Azeredo, 2000).

A verba prometida não foi entregue e isto gerou insatisfação nas hostes castrenses com o presidente da República, e por tabela, com o ministro da Defesa. Em outubro de 2000, FHC resolveu demitir o comandante do Exército, general Gleuber Vieira, por sua declaração criticando a falta de verbas. Enfrentou, então, a mais séria crise militar de sua gestão. A decisão presidencial chegou aos quartéis. Imediatamente, 155 generais de todo o país se reuniram em Brasília, sem a presença do ministro da Defesa, Geraldo Quintão, em ato de desagravo.[19] FHC entendeu a mensagem e logo escalou o general Alberto Cardoso, chefe do Gabinete de Segurança Institucional, para anunciar que o general Gleuber não seria mais demitido. Em troca os militares não fariam nenhuma mani-

[17]Entrevista com o autor. Santiago do Chile, 29 de outubro de 2003.

[18]"Promotor rebate crítica de Quintão sobre viagens", *O Estado de S. Paulo*, 23 de janeiro de 2000.

[19]Quintão negou tanto o desejo de FHC em demitir o general Gleuber bem como a mencionada reação do generalato. Entrevista com o autor. Santiago do Chile, 29 de outubro de 2003.

festação pública. Estes, por sua vez, exigiram a edição de uma Medida Provisória concedendo reajuste salarial (Pedrosa & Contreras, 2000). No que foram atendidos.

Mesmo assim, os militares mandaram um novo recado a FHC. Durante o almoço de 12 de dezembro de 2000, os fardados não aplaudiram o presidente ao término do discurso em que anunciava o aumento salarial. Em compensação, o discurso do anfitrião, general Gleuber Vieira, foi entusiasticamente aplaudido por quase um minuto (França & Nahass, 2000). O ministro da Defesa também experimentou uma pitada da insatisfação de seus, teoricamente, subordinados. A assessoria de Quintão solicitou ao Exército uma sala para entrevista com a imprensa e três máquinas de fotocópias para distribuição das novas tabelas de aumento. Embora o Clube do Exército possua vários auditórios e escritórios, a sala solicitada não foi cedida sob a alegação de não haver espaço disponível no Clube. O mesmo aconteceu com as fotocopiadoras sob a escusa de estarem quebradas. Resultado: Quintão, imprensado num tablado no meio do salão de baile, teve de atender aos jornalistas em pé (França & Nahass, 2000).

O ministro Quintão entendeu o recado, e mostrou-se tão preocupado em agradar aos militares que foi capaz de esquecer, momentaneamente, sua formação jurídica. Em março de 2001, em visita ao estado amazônico de Roraima, Quintão entusiasmou-se. Ante uma platéia de militares incorporou o mesmo discurso dos anos 70 contrário à demarcação de terras indígenas contínuas. Aproveitou para desancar o ex-presidente Fernando Collor, responsável pela demarcação da área ianomâmi. Segundo Quintão, "uma demarcação contínua onde não pode ser contínua, que foi feita por incompetência ou por necessidade de um presidente da República de aparecer bem lá fora porque estava caindo aqui, e serviu de péssimo exemplo" (Rodrigues, 2001). Foi aplaudido ao estimular a violação de artigo constitucional. Afinal, o que Collor fez foi nada mais do que cumprir o estipulado pela Constituição Federal de 1988, goste ou não o ministro Quintão.

A questão orçamentária voltaria a incomodar Quintão. Em crise econômica, e em nome da governabilidade, o governo federal bloqueou recursos destinados ao Exército. Isto fez com que, dentre outras medidas, fossem adiadas a incorporação de novos recrutas e a liberação mais cedo dos já incorporados, suspensão de auxílio-transporte, e auxílio pré-escolar para militares etc.[20]

Em nota oficial criticando o governo e à revelia do ministro Quintão, diz entre outras coisas "a alta administração do Exército avaliou que tal quadro atingiu o limite das medidas paliativas, não restando outra alternativa senão a adoção de soluções drásticas que comprometem a disponibilidade futura e a operacionalidade da Força Terrestre".[21]

Quintão, todavia, soube ser generoso com um outro presidente da República. FHC criou, em julho de 2002, a condecoração de Grão-Mestre da Ordem do Mérito da Defesa. Dois meses depois, Quintão decidiu condecorar apenas FHC com a Ordem que ele próprio criara. A honraria, segundo Quintão, deveu-se aos "relevantes serviços prestados às Forças Armadas" (Krieger, 2002). O presidente retribuiu a homenagem com uma singela declaração sobre a democracia brasileira, o Ministério da Defesa e as Forças Armadas: "Quero agradecer

[20]"Exército corta na carne", *Jornal do Brasil*, 12 de julho de 2002.

[21]A íntegra da nota pode ser lida na edição do *Jornal do Brasil* de 12 de julho de 2002.

o espírito de compreensão, de colaboração do Ministério da Defesa e das várias forças singulares, que nunca faltaram ao país, ao governo e nunca faltaram a mim, pessoalmente. Se há um corpo do Estado brasileiro que, dentro das regras da democracia, tem funcionado de uma maneira absolutamente impecável, é o Ministério da Defesa" (Jungblut, 2002).

Impecabilidade deve ser sinônimo de desimportância. Em maio de 2000, a justiça argentina enviou pedido de informações, através do Supremo Tribunal Federal, sobre a existência da Operação Condor no Brasil.[22] Quintão recebeu a solicitação e afirmou que o governo abriria os arquivos dos órgãos de inteligência militares para responder ao pedido da justiça argentina.[23] Contudo, os arquivos continuaram fechados (Nogueira e França, 2000). Até hoje.

Noutra ocasião, em outubro de 2001, Quintão não foi convidado para participar da decisão que levou o Brasil a invocar o Tratado Interamericano de Assistência Recíproca (Tiar) (Cruvinel, 2001). Tal tratado foi uma iniciativa do então ministro da Relações Exteriores, Celso Lafer, de implementar no plano regional a mobilização internacional de apoio aos EUA, após os ataques de 11 de setembro de 2001. Quintão também não opinou sobre a abertura do escritório do Serviço Secreto dos EUA em São Paulo (ibid.). Ou seja, o próprio governo contribuindo para enfraquecer o ministro Quintão.

Mesmo assim, Quintão adotou um perfil *low profile*. Este mineiro de trato afável, além de não reclamar, aceitou que mais

[22]Operação de colaboração entre os governos militares na década de 1970 e 1980 de combate aos opositores políticos. Novas informações sobre esta Operação foram descobertas em arquivos depositados no Paraguai.

[23]"Arquivos do regime militar serão abertos", *O Estado de S. Paulo*, 18 de maio de 2000.

da metade dos cargos do Ministério da Defesa fossem indicados pelos militares e que no organograma oficial seu cargo aparecesse ao lado, em vez de acima, dos comandantes militares (vide anexo).[24] Quintão cumpriu a contento o papel que lhe foi confiado por FHC: ser discreto para não criar atritos com os militares. Deixou o cargo com ótimo relacionamento com os comandantes militares.

O MINISTÉRIO DA DEFESA E AS COMISSÕES MILITARES

As Forças Armadas mantêm no exterior 248 pessoas[25] com a função exclusiva de comprar armamento, munição, equipamentos e até munição para os militares. Esta "tropa" custa ao governo R$ 16 milhões por ano (Patury, 1999). Este número é cinco vezes maior do que a Força de Paz no Timor Leste (50 militares).

Em 1999, a Marinha inaugurou uma nova sede em Washington, D.C. Mais precisamente no MacArthur Boulevard, um dos endereços mais caros da capital norte-americana. Foram gastos US$ 2 milhões na compra do prédio e mais US$ 800 mil com reformas (Pinto, 2002). A mudança foi feita para abrigar uma outra distorção: a presença de 11 militares e 29 civis na Comissão Naval na cidade. Em Londres, a Marinha mantém 11 militares e 34 civis.[26] As despesas com este pessoal

[24] Na Esplanada dos Ministérios, em Brasília, aparecem nos prédios os dizeres: Ministério da Defesa — Exército Brasileiro, Marinha Brasileira e Aeronáutica Brasileira. Em vez de Comando do Exército, Comando da Marinha e Comando da Aeronáutica.

[25] Funcionários civis, militares e estrangeiros.

[26] O Exército mantém 11 militares e 16 civis em Washington. A Aeronáutica acolhe 7 militares e 45 civis.

custaram ao contribuinte brasileiro, em 2001, US$ 7,2 milhões (Pinto, 2002). Nesta Comissão Naval, a faxineira foi promovida a telefonista e recebe um salário de US$ 5.500 mensais. Maior do que o salário do presidente da República (Patury, 1999).

Há ainda uma terceira distorção: a salarial. Em 2002, o salário de um general-de-brigada brasileiro nos Estados Unidos chega a US$ 14 mil (R$ 34 mil), enquanto que no Brasil este mesmo general perceberia RS 6 mil (Pinto, 2002). Isto contribui para explicar por que o custo da manutenção dos militares no exterior é alto. Para termos uma idéia da disparidade, um recruta percebe o soldo de R$ 153 mensais (Marques, 2002). E vários deles, em 2002, foram dispensados por falta de verba (Éboli, 2002). Há uma lei de 1972 que regulamenta a remuneração de funcionários públicos civis e militares no exterior, com o objetivo de protegê-los das flutuações cambiais. Proteção, todavia, transformou-se em prêmio econômico. Para alguns.

Não é uma exclusividade brasileira a existência de comissões militares. Estas têm como função primordial a compra de armamento e munições. O que chama atenção é que apenas Brasil e Argentina possuem um prédio para cada uma das três forças em Washington (Pinto, 2002). Se as três forças são coirmãs e devem atuar em conjunto em caso de guerra, o que as impede de trabalharem em um mesmo prédio? Por que se mantém a mesma estrutura anterior à criação do Ministério da Defesa brasileiro?

O então deputado Agnelo Queiroz (PCdoB-DF) ao comentar sobre as despesas militares no exterior, sobretudo nas comissões, afirmou: "O que se questiona não é a legalidade, mas a moralidade dos gastos." O então presidente da Comissão de Relações Exteriores da Câmara, deputado Hélio Costa (PMDB-MG) foi incisivo: "Estamos diante de um claro privilégio, que não é compatível com a política de austeridade que o governo prega" (Pinto, 2002). Suas críticas não encontraram eco nem no governo federal nem no Congresso Nacional. Não poderia ser de outra forma, a Reforma Administrativa do Estado de Bresser Pereira, já havia deixado intocado o "Estado Militar", ignorando o ônus das comissões militares no orçamento da União.

No ano seguinte, Queiroz decidiu requerer uma auditoria ao Tribunal de Contas da União nas comissões de compras do Exército (26 pessoas), Marinha (56) e Aeronáutica (75) em Londres e Washington. Perfazendo no total 179 pessoas. Na embaixada brasileira na capital norte-americana, a mais importante representação diplomática do país no exterior, trabalham 49 pessoas (Freitas, 24 julho 2003). O contingente militar que o Brasil enviou ao Timor Leste foi de apenas 50 soldados, sob a alegação de dificuldades financeiras.

Convém lembrar que ainda servem no exterior dois observadores militares perante a ONU, em Nova Iorque e Genebra. Cada um percebendo o salário mensal de US$ 15 mil. Sem esquecer dos militares que servem na Representação do Brasil na Junta Interamericana de Defesa (RBJID), em Washington D.C.[27] Esta situação manteve-se inalterada durante a gestão de Geraldo Quintão.

[27]A RBJID é uma organização militar diretamente subordinada ao Ministério da Defesa. Coordena a participação brasileira no Conselho de Delegados da Junta Interamericana de Defesa, no seu Estado-Maior e no seu Colégio Interamericano de Defesa (CID). Vide http://www.rbjid.com

O MINISTÉRIO DA DEFESA E O PROGRAMA ESPACIAL BRASILEIRO

Em 1994 foi criada a Agência Espacial Brasileira (AEB) como uma autarquia civil subordinada à presidência da República. Reza a lei que a criou que a AEB seria o órgão efetivamente executor da política espacial do país. No país real, a AEB é um órgão administrativo "de fachada" do Ministério da Ciência e Tecnologia, composto por tecnocratas que repassam os parcos recursos destinados ao programa espacial (Vianna, 2004). A condução de fato do programa espacial está nas mãos do Comando da Aeronáutica que, por acaso, é um órgão subordinado ao Ministério da Defesa.

A AEB é, teoricamente, o órgão de coordenação central do Sistema Nacional de Desenvolvimento das Atividades Espaciais (Sindae). O problema ocorre no arranjo institucional que deu luz ao sistema de gestão do Programa Espacial. O Programa é composto pelos seguintes órgãos setoriais. São eles: 1) O Instituto Nacional de Pesquisas Espaciais (Inpe), hoje subordinado à Subsecretaria dos Institutos e Pesquisa do Ministério de Ciência e Tecnologia (MCT); 2) o Instituto de Aeronáutica e Espaço (IAE) ligado ao Centro Técnico Aeroespacial (CTA) que se subordina ao Departamento de Pesquisa e Desenvolvimento (Deped), órgão do Comando da Aeronáutica; 3) o Centro de Lançamento de Alcântara (CLA), órgão do Comando da Aeronáutica; 4) e o Centro de Lançamento de Barreira do Inferno (CLBI), também subordinado ao Comando da Aeronáutica (Bevilacqua e Fortes, 2004).

Há, portanto, uma divisão de trabalho bipolar. Os civis conduzem a parte de satélites através do Inpe; e os militares se encarregam da parte de lançamento via o CTA. Como a base de lançamentos em Alcântara é área militar, a Aeronáutica se considera a principal responsável pelo Programa Espacial, embora ele seja de investidura civil. O ministro Quintão não contestou esta bipolaridade. As conseqüências desta atitude puderam ser sentidas, com mais clareza pela sociedade, durante o governo Lula.

No dia 28 de janeiro de 2003, o ônibus espacial Challenger se desintegrou no ar, matando sete astronautas. Em 22 de agosto de 2003, o nosso veículo de lançador de satélites (VLS-1) explodiu no solo, fazendo 21 vítimas, entre técnicos e engenheiros. A diferença entre o comportamento da direção civil da Nasa e o da Agência Espacial Brasileira pode ser comparado durante estes dois trágicos acidentes

A Nasa imediatamente tomou as providências para explicar o desastre. A AEB nada pôde fazer, pois isto era atribuição da Aeronáutica. Enquanto a Nasa procurou criar uma comissão independente e houve inúmeras sessões públicas para discutir o assunto. Aqui, a Aeronáutica quis que uma comissão formada unicamente por militares se responsabilizasse pela investigação do acidente. Depois de muita pressão da comunidade acadêmica, o ministro da Defesa concordou que três pesquisadores civis, indicados por suas sociedades científicas, fossem incorporados à comissão de investigação, na tentativa aparente de desmilitarizar a comissão (Leite, 2004). Paralelamente, realizou-se um Inquérito Policial Militar. Nenhuma sessão pública desta comissão foi realizada, apesar das promessas de transparência do governo. A não ser que a presença dos três cientistas civis seja considerada sinônimo de transparência.

O MINISTÉRIO DA DEFESA E A AIDS

Uma parte do governo, seja a burocracia militar ou a burocracia civil, pode tornar-se bastante insulada. Neste caso, os militares passam a ter um vasto controle sobre o processo de seleção, promoções e afastamento de seus quadros (Evans, 1995). Quando isto acontece, as Forças Armadas ficam imunes a alguns valores da sociedade civil.

O tratamento da Aids é tema polêmico. Não estou aqui a discutir qual a melhor solução técnica para resolvê-lo. E sim, o que diz o Ministério da Saúde, em nome do Governo Federal, e o que faz o Ministério da Defesa. Ressalto o fato das Forças Armadas serem parte deste governo, mas insuladas, não acatam as decisões do próprio governo para a área de saúde pública.

O teste compulsório no serviço público é proibido por decreto. Aplicá-lo é para o Ministério da Saúde violação dos direitos humanos. Este decreto, todavia, não é respeitado pelas Forças Armadas. E o Ministério da Defesa lava as mãos.

Vinte anos depois da descoberta da Aids, as Forças Armadas ainda discriminam os portadores do vírus HIV. Segundo apuração do Ministério Público, as três forças realizam exames compulsórios para militares da ativa e para os que desejam entrar na carreira militar. Violando assim, os princípios constitucionais da dignidade da pessoa humana e do direito à intimidade (La Peña, 2000).

O Exército, por exemplo, abriu concurso para auxiliar de enfermagem em março de 2002. Contrariando o Ministério da Saúde, exigiu dos aprovados exames de Aids (Góis, 15 mar. 2002). O resultado positivo foi considerado causa da incapacidade para a matrícula. Não se levou em consideração que o portador do vírus poderia ser HIV assintomático. Ou seja, o indivíduo não sofre perda de capacidade por causa da contaminação.

O advogado Marcelo Turra criticou a impossibilidade de recurso para os militares que são reformados por serem portadores de HIV. Tal medida atinge em cheio, em especial, os militares sem estabilidade. Turra citou o caso de um cliente seu, um cabo que servia no 1.º Batalhão de Polícia do Exército no Rio. Ele recebeu baixa com a descoberta do HIV. O Tribunal Regional Federal mandou reintegrá-lo alegando que houve violação ao seu direito de intimidade bem como por inexistir lei que obrigue o militar a sair (La Peña, 2 de agosto).

Até mesmo os alunos do Colégio Militar do Rio de Janeiro, para entrar na 1.ª e 5.ª séries do ensino fundamental em 2002, tiveram que passar pelo exame de Aids. Esta escola admite alunos civis e segue as normas do Ministério da Educação. Deveria também seguir as normas do Ministério da Saúde. O Centro de Comunicação Social do Exército divulgou nota justificando a restrição à entrada de alunos portadores de HIV e com outros problemas de saúde nas escolas militares. Dentre outros motivos, diz a nota: "... cumpre destacar que o aluno das escolas militares é preparado para seguir a carreira das armas e o portador de qualquer tipo de deficiência, física ou clínica, não está apto para o ingresso na carreira."[28]

O comportamento do Colégio Militar influenciou a Polícia Militar da Paraíba. De acordo com o edital do concurso para ingresso na PM, o portador de HIV soropositivo é con-

[28]"Exército constrange aprovados", *Diário de Pernambuco*, 12 de dezembro de 2001.

siderado inepto.[29] Já a Polícia Militar de Santa Catarina não exigiu teste de HIV para os candidatos que quiseram entrar em seus quadros.

CARRUAGEM DE VIDRO

"Quando saudei o nosso ministro da Defesa, Geraldo Quintão, na sua posse, eu disse e cito de novo: jamais cogitei a criação do Ministério da Defesa para reafirmar o comando civil sobre as Forças Armadas, porque isso não era necessário, posto que, através do presidente da República, esse elo já existe. Na verdade, a questão do Ministério da Defesa era, como ainda é, operacional e estratégica", afirmou o presidente Fernando Henrique Cardoso.[30]

Com uma visão tão equivocada como esta, a de que há um comando civil sobre as Forças Armadas, não é surpresa constatar-se que os comandantes-chefes do Exército, Marinha e Aeronáutica mantêm o poder de fato e, por conseguinte, o ministro da Defesa torna-se muito mais uma espécie de despachante institucional das Forças Armadas perante o presidente da República do que um representante do governo perante os quartéis.[31]

Do ponto de vista operacional, a criação do Ministério da Defesa não apresentou grandes mudanças. As três forças se

[29]"Concurso da PM da Paraíba barra soropositivos", *Folha de S. Paulo*, 11 de abril de 2002.

[30]Cardoso, presidente Fernando Henrique. Discurso na Cerimônia de Apresentação dos oficiais generais recém-promovidos. Palácio do Planalto. Brasília, DF, 13/4/2000.

[31]Para uma visão mais otimista sobre a influência do Ministério da Defesa na natureza das relações civis-militares, ver Castro (2000).

relacionam com o Ministério da Defesa de modo similar ao que se relacionavam com o extinto Estado-Maior das Forças Armadas (Emfa).

Quintão até que conseguiu realizar, pela primeira vez, uma operação militar conjunta na Amazônia.[32] Mas não conseguiu integrar militarmente as três forças singulares e procurou atender corporativamente as demandas por verbas de cada força. Este é um reflexo da falta de uma clara política militar de defesa do governo e da sua incapacidade de se manter fiel às suas decisões. Ou seja, cada força singular, desenvolve suas atividades desvinculadas das demais. Não se percebe um projeto integrado que vincule a capacidade bélica desejada ou possível com os recursos orçamentários pertinentes.

O fato é que o Exército continua organizado para lutar uma guerra convencional de remota possibilidade. Isto pode ser constatado através do Plano FT-90, publicado em 1990, para ser implementado até 2015. Ainda falta-nos um Livro Branco de Defesa. Ou seja, um livro onde se assinale qual a política de defesa do país; quais os meios para implementá-la; quais as missões encomendadas às Forças Armadas; qual nível de força se possui e que nível de força espera-se alcançar no futuro para poder cumprir com as missões encomendadas.

Estratégia, doutrina, organização, treinamento e armamento precisam de modernização (Day, 2003). As Forças Armadas estão inchadas e excessivamente burocratizadas, com generais fazendo funções que poderiam ser feitas por coronéis. E possuem reduzido grau de aprestamento para simples

[32]A Operação Tapuru foi realizada entre 20 e 25 de maio de 2002, mobilizando 4 mil homens.

emergência em conflito de baixa intensidade. Como lembra Lopes (2000): "Para que 200 mil homens no Exército se não dispomos nem de 5% desse efetivo para uma emergência? Ou se não temos transporte para deslocar um mínimo de 3.000 militares de um ponto a outro do país? Temos aviões de ataque modernos, mas sem radares e sem peças de reposição. Temos submarinos, mas quase não temos torpedos."

Por exemplo, as pistas militares do país ainda seguem uma concepção da Segunda Guerra, voltadas para o Atlântico, enquanto a maior ameaça à integridade do território vem da região andina. A única tropa de elite do Exército preparada para pronto-emprego é a Brigada Pára-quedista sediada no... Rio de Janeiro, a milhares de quilômetros da fronteira onde atua a guerrilha colombiana. Em caso de invasão surpresa de tais guerrilheiros, deslocar tal brigada seria complicado e demorado, pois não há pistas para aviões a jato próximas da fronteira.[33] Além da falta de mobilidade estratégica, i.e., quantidade suficiente de helicópteros e aviões para transferir tropas e equipamentos. É comum a contratação de aviões comerciais para trasladar o equipamento e tropas para exercícios na Amazônia.

Do mesmo modo, é inaceitável a compra de um porta-aviões para defender a costa Atlântica enquanto o efetivo da marinha fluvial, na vastidão da Amazônia, é de apenas 8 navios fluviais e 16 lanchas rápidas.[34] Lembrando, que uma das missões da marinha fluvial é garantir melhor apoio logístico aos pelotões fronteiriços do Exército.

[33]A região fronteiriça da Amazônia com outros sete países latino-americanos equivale a aproximadamente 70% dos quase 16 mil quilômetros de fronteiras nacionais. E é a mais descoberta em termos de segurança.

[34]"Reforço para a Amazônia", *O Estado de S. Paulo*, 28 de julho de 2003.

O Ministério da Defesa, fazendo o jogo dos militares, contenta-se em aceitar que o Congresso exerça apenas um controle contábil, ou seja, a mera alocação ou não de dotações sem que as mesmas estejam necessariamente atreladas a estratégias claramente definidas. Sem este atrelamento o corte ou aumento de verbas passa a ser rotina administrativa, deixando de adquirir significado político.

A falta de latitude política contribui para emperrar a capacidade do Congresso de influir significativamente nos assuntos de defesa nacional. O Executivo também toma medidas que enfraquecem o Ministério da Defesa. Por exemplo, FHC retirou de Quintão o controle do Sistema de Proteção da Amazônia (Sipam), que engloba o Sistema Integrado de Vigilância da Amazônia (Sivam) e o Projeto Calha Norte, na região amazônica, e os entregou ao ministro-chefe da Casa Civil (Boechat, 2002).

O Ministério da Defesa com suas limitadas atribuições reflete o equilíbrio instável nas relações civil-militares existentes no Brasil. Os civis brasileiros podem dizer que tal como nas democracias maduras, criaram o Ministério da Defesa, e os militares aceitam tal situação por almejarem um lugar para o Brasil no Conselho de Segurança da ONU, aumentando a importância do país, e de suas Forças Armadas, no cenário internacional. Afora isto, o arranjo institucional que resultou na criação do Ministério da Defesa torna o ministro da Defesa muito mais um representante da caserna ante a presidência da República do que do governo na caserna. Não esquecendo que os comandantes das três Forças garantiram o status jurídico de ministro de Estado bem como presença regimental nas reuniões do Conselho de Defesa Nacional.

Apesar de tudo o que foi relatado, o ministro Quintão acredita que o controle civil sobre os militares foi estabelecido. Em palestra proferida em 28 de outubro de 2002, na VI Conferência Anual sobre Pesquisa e Educação em Estudos de Defesa e Segurança, em Santiago do Chile, o ministro disse que "somente em 1988, o Brasil passara a viver em regime de direito democrático... [com] a conseqüente abolição dos conceitos de segurança nacional [...]".[35] Esquecendo-se que a Lei de Segurança Nacional, de 1983, o braço jurídico da Doutrina de Segurança Nacional, continuou em vigor durante sua gestão.

Sem falar que FHC, quatro dias antes de deixar a presidência, alterou o Decreto n. 2.134, de 24 de janeiro de 1997, em relação à competência das autoridades na classificação dos documentos ultra-secretos.[36] Até então, o parágrafo único do Artigo 16 estipulava que a classificação de tais documentos era feita pelos chefes dos Poderes Executivo, Legislativo e Judiciário federais. A partir do novo Decreto n. 4.553, de 27 de dezembro de 2002, a competência passa a ser do presidente e vice-presidente da República; ministros de Estado e equiparados e comandantes da Marinha, do Exército e da Aeronáutica. Embora tais comandantes sejam hierarquicamente inferiores ao ministro da Defesa...

[35]Ver palestra completa em http://www3.ndu.edu/chds/redes2003/academic-papers.htam.

[36]O Decreto de FHC criou o sigilo por 50 anos prorrogáveis indefinidamente. É inconstitucional porque tem prazos superiores ao que a Lei 8.159, de 1991, determina: até 60 anos.

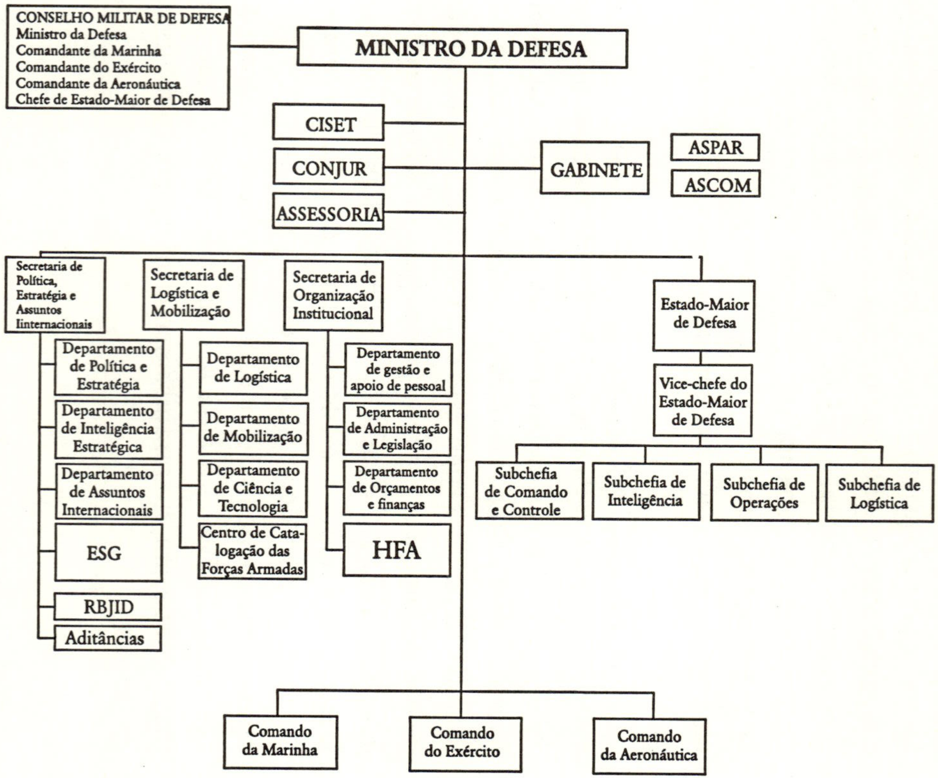

Fonte: Ministério da Defesa.

Convém, também, registrar que as assessorias parlamentares do Exército (4 membros), Marinha (3 membros) e Aeronáutica (3 membros) continuam atuando no Congresso Nacional, embora o Ministério da Defesa tenha sua própria assessoria. Afora a existência de assessorias parlamentares do Exército em dez estados: Rio Grande do Sul, Santa Catarina, Paraná, São Paulo, Rio de Janeiro, Amazonas, Mato Grosso do Sul, Bahia, Ceará, e Pernambuco.[37]

[37]"Legislativo é acompanhado", *Diário de Pernambuco*, 17 de novembro de 2002.

8

Aparência de democracia: uma ameaça à própria democracia

Só se destrói, realmente,
aquilo que se substitui.

Baudelaire

Um processo de democratização pode ser, de acordo com a literatura especializada, dividido em três fases. A da *liberalização* ocorre quando o regime autoritário começa a fraquejar e sinaliza sua intenção de realizar mudanças políticas. A *transição* ocorre quando novos atores políticos são incorporados ao processo de tomada de decisões visando preparar a *polis* para eleições multipartidárias. A *consolidação democrática* é um processo de fortalecimento de instituições e aprofundamento da cultura democrática. Esta consolidação é alcançada quando a democracia torna-se tão legítima e profunda, sendo muito improvável que venha a ser golpeada (Diamond, 1994).

Tais divisões em fases têm seu mérito heurístico: ajudanos a classificar os regimes políticos de distintos países. Contudo, peca pela sua falta de rigor metodológico. As duas primeiras fases — *liberalização* e *transição* — baseiam-se, primordialmente, na concepção de democracia como competição eleitoral. Contudo, a trajetória histórica dos países latino-americanos é diferente da experiência européia e norte-americana. É, portanto, um erro acreditar que a concepção sobre democracia possa ser aistórica, i.e., válida para qualquer sistema político independentemente do tempo.

A terceira fase, a da consolidação, não se refere primordialmente à liça eleitoral e, por isso mesmo, os critérios para sua avaliação são distintos das duas fases anteriores. Em países, com o Brasil, onde avançamos muito mais nos direitos políticos do que nos civis e sociais, a divisão trifásica é problemática.

Tomemos o período entre a assunção de Sarney e a eleição direta de Collor.[1] Como descrito anteriormente, com a morte de Tancredo Neves, Ulysses Guimarães aceitou não assumir o poder ao ser constrangido pela espada do escolhido por Tancredo para ser seu ministro do Exército: general Leônidas Pires Gonçalves. Coube também a este general a tarefa de anular a pretensão do general Walter Pires, ministro do Exército do presidente João Figueiredo, de impedir a assunção de Sarney. Foi o general Leônidas, às três da madrugada, quem comunicou a Sarney que era ele quem assumiria (Sarney, 2005). Isto fez com que Sarney declarasse que "a transição foi feita com as Forças Armadas e não contra elas" (ibid). Portanto, a Nova República foi inaugurada sob o pálio militar. Este livro procurou mostrar que esta proteção se manteve durante o governo FHC, ora com mais ou menos intensidade, dependendo da conjuntura política. Não há indícios que esta

[1]Curiosamente, o presidente Figueiredo enviou, no dia 16 de abril de 1984, mensagem ao Congresso propondo, dentre outras, a realização de eleições diretas em 1988 e um mandato presidencial de quatro anos. A eleição de Collor foi, um ano depois, em 1989, e Sarney governou por cinco anos.

situação será alterada significativamente nem a curto nem em médio prazo. Como o governo Lula, vem evidenciando.

Neste ambiente, de forte presença política militar, é que foi redigida a Constituição Federal de 1988. A Carta Magna mudou substancialmente a constituição autoritária anterior (1967/69). Porém, manteve incólumes vários dos artigos desta constituição autoritária, referentes às relações civis-militares e policiais. Por exemplo, quando os constituintes decidiram retirar a faculdade das Forças Armadas de garantes da lei e da ordem, o general Leônidas ameaçou interromper o processo constituinte. Os constituintes recuaram. No texto final, mantiveram, através do art. 142, o poder soberano e constitucional das Forças Armadas de suspender o ordenamento jurídico sem precisar prestar contas a qualquer outra instância de poder. Ou seja, os militares podem dar um golpe de Estado amparado por preceito constitucional.

Impressiona o fato da coalizão de centro-direita que escreveu a Constituição de 1988, ainda controlar o Congresso Nacional. Os artigos da Constituição que versam sobre as Forças Armadas e forças policiais foram perifericamente alterados mantendo-se, deste modo, vários enclaves autoritários dentro do Estado. Mesmo que a Constituição tenha sido emendada quarenta e quatro vezes entre 1988-2003. Em um ritmo superior a Constituição Mexicana do Partido Revolucionário Institucional (PRI).[2] É como se o Brasil estivesse se transformando em um governo dos legisladores em vez de um governo das leis.[3]

[2]Entre 1917, quando foi redigida, e 1988, a Constituição do México foi unilateralmente emendada pelo partido hegemônico, PRI, mais de 40 vezes (Mangaloni, 2003).

[3]Como existem cerca de 500 propostas de emenda constitucional no Congresso, é de esperar que o "canteiro de obras" continue em atividades por vários anos.

Este estado de constituinte permanente dificulta o estabelecimento de um Estado de Direito Democrático, pois as instituições coercitivas são constitucionalmente incentivadas a aplicar a lei de um modo semelhante ao que faziam em um contexto autoritário. Forças Armadas e Polícia, de acordo com este desenho institucional tornam-se enclaves autoritários constitucionalmente sancionados. Sem esquecer que a Constituição de 1988, em pleno século XX, conservou a falta de uma das principais características do Estado moderno: a clara separação entre a força responsável pela guerra externa (Exército) e a Polícia Militar encarregada da manutenção da ordem interna (Van Creveld, 2004).

Chegou-se a ponto de apagar do texto constitucional a expressão "policial militar", sendo substituída por "militar estadual".[4] Algo que nem o regime militar ousou fazer. Além de conferir à Polícia Militar a exclusividade do policiamento ostensivo. Ao contrário da Constituição de 1967/69. Sem esquecer que o controle parcial do Exército sobre as Polícias Militares foi conservado, embora de um modo menos acentuado. Há no Brasil, lei (*rule by law*) mas não um Estado de Direito (*rule of law*).

Afora isto, a Constituição menciona a palavra guerra dez vezes (artigos 5.°; 21; 22; 42; 49; 84; 137; 148; 154) e o termo conflito apenas uma única vez no artigo 138. É a concepção da defesa do Estado prevalecendo sobre a defesa do cidadão. Mesmo assim, o ex-vice-presidente da República, e constituinte em 1986, Marco Maciel afirmou que "a Constituição foi discutida e votada dentro de uma ótica em que a

[4]Em democracias sólidas, procura-se separar tanto a identidade quanto as competências da Polícia das Forças Armadas.

preocupação não era olhar para o futuro e sim condenar e apagar o passado" (Sampaio, 1999).

FHC contribuiu para aprofundar a "militarização" em vez de "civilianização" da segurança pública. Ou seja, fazer com que os conceitos sobre segurança nacional e segurança pública tendam a tornar-se sinônimos. Este é um problema que merece cuidado, pois as competências institucionais das Forças Armadas e das Polícias Militares não são independentes do uso da força bruta, ao contrário, por exemplo, do Judiciário (Sanchez-Cuenca, 2003).

O Judiciário civil, por sinal, não é acessível à maioria dos brasileiros, há parca previsibilidade em suas decisões; e estas são tão morosas que regularmente são inúteis, pois são anunciadas além do tempo social e economicamente tolerável. Teoricamente, um sistema legal democrático difere do autoritário pela sua capacidade de induzir cooperação entre os indivíduos em vez de desconfiança.

O Judiciário militar continua defendendo, primordialmente, os interesses constitucionais das Forças Armadas relativos aos bens tutelados que lhes são importantes: hierarquia, disciplina e dever militar. O Superior Tribunal Militar, por exemplo, é um tribunal com características híbridas, pois apresenta traços tanto do regime autoritário como da nossa frágil democracia. Não é à toa que a Corte conservou praticamente inalterados, do regime militar, sua estrutura, seu funcionamento e os critérios de recrutamento de seus membros (Zaverucha e Melo Filho, 2004).

Até mesmo o arcabouço jurídico da Doutrina de Segurança Nacional, a Lei de Segurança Nacional, não foi abolida. Embora FHC tenha criado uma comissão para estudar uma proposta alternativa. Isto sem falar na decisão de FHC em 27 de dezembro de 2002, quatro dias antes do término de seu mandato, de assinar o Decreto 4.553, sobre o sigilo de documentos. Estabeleceu um prazo da liberação de alguns documentos tão amplo como o de ditaduras, e em violação à Lei n. 8,159, de 1991. Sua decisão foi tomada quando se intensificavam os clamores sobre a elucidação dos fatos referentes à Guerrilha do Araguaia. Havia a suspeita de possível uso de tortura institucionalizada por parte do Exército.

Relembro que a criação do Ministério da Defesa foi, sob o ponto de vista formal, um avanço. Contudo, na prática, como se viu, o ministro da Defesa é muito mais um despachante dos interesses das Forças Armadas do que formulador de política governamental. Sem esquecer que os atuais comandantes militares continuam tendo um status jurídico de ministro de Estado, e acompanham o ministro da Defesa nas reuniões do Conselho de Defesa Nacional, na qualidade de membros natos.

A visão otimista era que isto foi o primeiro passo para que, posteriormente, o Ministério da Defesa se firmasse. Contudo, ao não se estipular o tempo necessário para que isto ocorresse, o argumento tornou-se teleológico. A queda do ministro da Defesa do presidente Lula, José Viegas, ao tentar deixar de ser uma mera "rainha da Inglaterra", comprovou não haver razão para entusiasmo.

Paz não é simplesmente ausência de guerra, mas falta de ameaça de guerra. Por isso mesmo, não se deve confundir acordo de paz com acordo de cessar-fogo. Do mesmo modo, democracia consolidada não é apenas ausência de golpes de Estado *manu militari*, mas de carência de ameaça de golpes. Vira e mexe, durante o governo FHC, quando os militares tiveram seus interesses contrariados a ponto de chegarem perto do que consideravam o limite do tolerado, ameaçaram o poder civil. Este recuou, e a crise foi debelada. Isto, todavia, não significa controle civil sobre os militares.

Esta acomodação dá a impressão, para muitos, de que os militares estão nos quartéis cumprindo eminentemente suas funções profissionais. Exatamente o contrário. Mostra como os militares são atores políticos relevantes e continuam a ser temidos. Tanto é que a análise sobre o orçamento militar mostrou como os militares prosseguem sendo prestigiosos atores políticos, embora a última guerra fronteiriça tenha sido lutada no século XIX contra o Paraguai e haja normalidade nas fronteiras com os dez países vizinhos.

A comparação entre o que percebe um observador militar brasileiro na ONU em Nova York ou em Genebra e um soldado mostra como as disparidades econômicas existentes na sociedade civil penetraram com todo vigor na caserna. Com a agravante de a caserna estimular a camaradagem entre os pares. Mesmo assim, o governo FHC quando fez a Reforma Administrativa do Estado deixou de lado o "estado" militar. As posições de observadores militares continuaram a ser usadas como moeda política entre o presidente da República, que é o comandante-em-chefe das Forças Armadas, e a cúpula militar. No entanto, recrutas foram dispensados por falta de verba.

A presença militar federal na segurança pública é crescente. Aos poucos competências das polícias vão sendo transferidas para o Exército, em especial. Muito disso se deve à perda de confiança da União nas Polícias Militares e Civis, seja por indisciplina ou por ineficiência profissional. No Rio de Janeiro, por exemplo, os militares estaduais estão sendo caçados pelos bandidos em busca de armas. Ante tal situação, o Exército barganha por novas verbas com a justificativa de precisar manter suas tropas aptas a substituir as forças policiais. Juridicamente, o Congresso Nacional, com a ajuda de FHC, já conferiu poderes de policiamento ostensivo ao Exército, antevendo a necessidade do uso dos militares federais em ações de segurança pública.

Chama a atenção a forte presença militar em áreas urbanas, embora a fonte de ameaça à soberania nacional esteja na região amazônica. Há um deslocamento muito lento de unidades militares para esta área. No Rio de Janeiro, todavia, persistem grandes quantidades de unidades militares. Terminam sendo alvos de ataques de bandidos interessados em obter armas. Causam insegurança em vez de ofertarem segurança.

No centro da cidade há o III Comando da Aeronáutica (Comar), na Praça Quinze; Comando Militar do Leste, na Central do Brasil; Escola Naval, ao lado do Aeroporto Santos Dumont; I Distrito Naval, também na Praça Quinze. Na Tijuca, Batalhão de Polícia do Exército. Na zona sul, Forte de Copacabana; Forte Duque de Caxias, no Leme; Vila Militar da Babilônia, em Copacabana; e Fortaleza de São João, na Urca. Em Deodoro, a Vila Militar do Exército (maior vila da América do Sul) e o Campo de Instruções de Guerra de Gericinó. Na Ilha do Governador, o Parque de Material Bélico da Aeronáutica; Hospital da Aeronáutica; e a Base Aérea do Galeão. Na Avenida Brasil, Centro de Instrução Almirante Alexandrino, na Penha; Depósito de Aeronáutica do Rio de Janeiro, em Bonsucesso; e 24° Batalhão de Infantaria Blindada (BIB) do Exército, em Bonsucesso. Em Benfica, Hospital Central do Exército. No Caju, Arsenal de Guerra do Rio (Exército). Em Santa Cruz, Base Aérea de Santa Cruz. Em Sulacap, Campo dos Afonsos (Aeronáutica). Em Niterói, Base Naval de Mocanguê, na Ilha de Mocanguê. No Lins, Hospital Naval.

A manutenção de artigos constitucionais autoritários, durante o governo FHC, aponta para uma forma de consenso sobre os limites do contorno da democracia do Estado brasileiro. Que engloba, inclusive, um partido que se define como social-democrata. Fernando Henrique Cardoso conseguiu formar o maior arco da aliança política da história do Congresso brasileiro. Teve oito anos para interceder junto à sua base governamental no sentido de fazer mudanças constitucionais que levassem a um avanço do controle civil sobre os militares.[5] Não conseguiu.

Mesmo com avanços na democracia eleitoral brasileira, durante seu governo, a permanência do poder militar constrangendo as autoridades civis demonstra que, ao contrário do que Schumpeter imaginava, não convém reduzir a democracia a uma mera lista de procedimentos eleitorais. A aparência de democracia é uma ameaça à própria democracia.

A existência de um controle civil parcial sobre os militares indica que a democracia, também, está defeituosa. Afinal, o propósito das Forças Armadas é defender a sociedade, não defini-la (Kohn, 1997). Sem a existência de instituições sólidas e de respeito aos valores democráticos, crises de governo ameaçam se transformar em crises institucionais. Ante tal possibilidade, os militares se fortalecem. E grupos civis disputam o apoio castrense, como vimos. Incentiva-se o pretorianismo moderado em vez da neutralidade das Forças Armadas. Este tipo de pretorianismo ganha legitimidade diante do fato

[5]No programa de lançamento do PSDB lê-se: "Nasce assim, na adversidade o Partido da Social-Democracia Brasileira: contra um governo que traiu a transição democrática, contra um Estado no qual a argamassa do passado teima em resistir à renovação." Decorridos oito anos do governo FHC, a "argamassa do passado" autoritário das instituições coercitivas continua firme e forte.

das Forças Armadas gozarem de elevada popularidade no país, conforme atestam as pesquisas de opinião.

Durante a campanha presidencial de 2002, o pré-candidato do Partido dos Trabalhadores, Luís Inácio Lula da Silva, pode sentir a fragilidade da democracia brasileira. Ele, explicitamente, admitiu a possibilidade de ser vítima de um golpe militar, caso vencesse a eleição. Ante uma platéia de cem mil estudantes da Universidade Católica de Brasília, em Taguatinga, Lula afirmou: "Espero que, se a gente ganhar, e um dia acontecer comigo, vocês tenham coragem de sair para a rua."[6] Era uma alusão ao apoio popular dado ao presidente deposto Hugo Chávez, que conseguiu, após ser afastado, momentaneamente, do cargo, recuperar o poder.

Posteriormente, o sociólogo Francisco de Oliveira, um dos fundadores do Partido dos Trabalhadores, repisou a tecla da fragilidade da democracia brasileira. Em entrevista a Erilene Araújo, afirmou: "O Brasil está de língua de fora. As reservas não sustentam cinco meses de importação. Há risco de golpe de Estado, de desestabilização e de convulsão social..."[7]

Este livro procurou mostrar que os militares continuam controlando posições estratégicas do aparelho de Estado. Os militares mostram-se dispostos a aceitar a subordinação ao poder civil somente quando seus interesses não são contrariados. Dotados de informações e capacidade de organização, os militares sabem o que fazer caso a luz amarela ou de outra tonalidade venha a ser realmente acesa.

[6] *Jornal do Commercio*, "Lula admite que teme ser vítima de um golpe se vencer a eleição", 19 de abril de 2002.

[7] "Sociólogo diz que aliança com o PT é a tábua de salvação do PSDB", *Diário de S. Paulo*, 6 de setembro de 2002.

Em boa medida, o poder militar persiste porque conta com o consentimento de segmentos civis alojados nos três poderes: Executivo, Legislativo e Judiciário. A pergunta é por que os civis continuaram a se aliar aos militares, durante o governo FHC, na manutenção dos enclaves autoritários?[8] Por que FHC, que foi vítima do regime militar, teve um comportamento similar aos presidentes anteriores? Por que a semidemocracia brasileira é tão conservadora vis-à-vis os interesses militares?

A resposta contempla o fator risco. Em caso de baixo risco de ameaça aos interesses dos conservadores (direita), estes apóiam o aprofundamento (consolidação) da democracia. Ou seja, medidas que levem os militares e policiais a obedecerem regularmente aos comandos civis. Em caso de médio risco de ameaça, se aceita uma democracia apenas eleitoral, sem que isto signifique a garantia de amplos direitos civis. Alto risco de ameaça significa apoio à volta de um governo semi-autoritário, com pouca competição política, ou autoritário, sem nenhuma competição política. Explico.

Enquanto os setores conservadores desconfiarem que a esquerda tem um compromisso apenas tático (instrumental) com a democracia liberal, eles enxergarão que seus interesses, em especial a manutenção da propriedade privada, continuam em risco. Somente quando os conservadores tiverem convencidos que o risco é baixo, ou seja, que o comportamento da esquerda é previsível (não questionam a legitimidade do capitalismo e aceitam a propriedade privada), então

[8]Este padrão de relacionamento, até o momento em que escrevo, não foi significativamente alterado pelo governo Lula.

eles concordarão em aprofundar a democracia. Isto significaria não ter mais os militares como aliados para reprimir os esquerdistas revolucionários, já que eles deixaram de ser uma ameaça.

Os conservadores, que possuem preferência fixa pela propriedade e segurança, são maioria no Congresso Nacional. Eles só concordarão em aprofundar a democracia quando estiverem convencidos de que há baixos riscos para seus interesses. A falta de mudanças constitucionais na temática militar-policial seria um indicador da falta de confiança destes setores vis-à-vis a esquerda. Receosos de que não tenham esquecido seu passado, a esquerda tem de provar regularmente que nada farão que ameace o poder dos conservadores. Como os conservadores pouco fazem para sanar as demandas sociais da população vulnerável a um apelo revolucionário, o círculo vicioso se perpetua. E com ele a semidemocracia.

Se setores da esquerda são revolucionários, como parte do Movimento dos Sem-Terra (MST);[9] vistos como ameaçadores da propriedade privada como o Movimento dos Sem-Teto, ou há o receio de que policiais grevistas armados, especialmente as praças, juntem-se a estes dois movimentos, a direita acautela-se. Pensa a curto prazo sobre sua preferência política. Como os custos, no presente, de um regime autoritário são maiores do que uma democracia eleitoral, fique-se

[9]Um dos principais líderes do MST, João Pedro Stédile afirmou: "A reforma agrária vai mexer, tem que mexer, na propriedade de todos os meios de produção que existem na agricultura, não só na terra mas na propriedade das máquinas, dos armazéns e das agroindústrias. Por isso a reforma agrária passou a adquirir um caráter revolucionário, porque ela atinge a toda a classe que está no poder." Cf. Graziano (2005).

com esta.[10] Desde que as forças da ordem mostrem-se capazes de conter as mencionadas ameaças. É o velho fantasma da revolução social em vigor.

Como para a direita, o comportamento estratégico da esquerda a longo prazo ainda é incerto as opções políticas estão em aberto: 1) manutenção da semidemocracia significando a continuação das desconfianças mútuas; 2) avanço rumo a plena democracia quando tais desconfianças forem suplantadas; ou 3) retorno ao (semi)autoritarismo já que as desconfianças aumentaram exponencialmente e há pouca ou nenhuma condição de diálogo institucional.

Neste cenário de incerteza sobre os destinos do país, a direita se protege ("*hedge*") dos riscos futuros mantendo uma aliança com as instituições coercitivas (Alexander, 2002). Em troca da manutenção de certos interesses castrenses, as instituições coercitivas militares estarão prontas para acabar com a frágil democracia existente caso haja uma séria ameaça à propriedade privada (no campo ou na cidade) ou à disciplina e hierarquia nas Forças Armadas e nas suas forças auxiliares, a Polícia Militar. Como em 1964.[11]

[10]Depois de 1964, a elite política civil receia solicitar um golpe por não saber quanto tempo os militares ficarão no poder. Precisa, portanto, ser mais cautelosa que outrora. Carlos Lacerda e Juscelino Kubitschek, por exemplo, apoiaram o golpe de 1964 por acreditarem que haveria eleição presidencial em 1965. Perderam seus direitos políticos e foram formar com João Goulart a Frente Ampla em oposição ao regime militar.

[11]Em julho de 2003, um dos proprietários da *Folha de S. Paulo*, ante a onda de invasões de propriedades rurais e urbanas, alertou para a possibilidade de o presidente Lula ser derrubado (Frias Filho, 2003). O líder do PSDB no Senado, Arthur Virgílio, comparou Lula ao ex-presidente Goulart (Dualibi, 2003).

Em momentos de crise orgânica i.e, quando a hostilidade e antagonismo entre grupos questionam a legitimidade do sistema, a classe dirigente pode perder o controle da sociedade civil. Então, ela necessita do apoio da sociedade política e dos militares para lograr manter sua dominação através da coerção. A Constituição é acionada para garantir o uso legal das instituições coercitivas. Por isso mesmo, não convém aos dirigentes alterar as cláusulas constitucionais que dão autonomia ao funcionamento dos militares.

O argumento sobre a fragilidade da democracia brasileira é corroborado pelos últimos resultados das pesquisas realizadas pelo Instituto Latinobarómetro (citadas no capítulo 1) e pelo, mais recente, relatório "A Democracia na América Latina" do PNUD.[12] O país vai bem em termos de democracia eleitoral, mas mal na confiabilidade na democracia, em sentido mais amplo. O que seria um outro modo de dizer que a competição eleitoral é importante, contudo, é preciso prudência, pois o sistema político é imperfeitamente competitivo. Ou seja, repita-se, democracia não é apenas eleição, mas também, garantia de direitos civis e sociais.

De acordo com a referida pesquisa, o Brasil está em primeiro lugar na evolução do processo eleitoral e no acesso pelo voto a cargos públicos. Contudo, dos 18 países pesquisados fica na 15.ª posição em termos de adesão de sua população aos princípios democráticos. Portanto, cultura

[12]http://www.pnud.org.br/index.php?lay=news&id01=286&are=cid, "Brasil consolida eleições, mas população tem pouca confiança na democracia"; http:/ /www.pnud.org.br/index.php?lay=news&id01=287are=cid, "AL prefere expansão a regime democrático".

política importa.[13] Acima apenas da Colômbia, Paraguai e Equador, conforme tabela abaixo.

Índice de Apoio à Democracia (IAD)

Costa Rica	7,32
Uruguai	4,31
Venezuela	4,30
República Dominicana	3,52
Peru	3,47
Nicarágua	3,01
Honduras	2,82
Guatemala	2,81
México	2,54
El Salvador	2,40
Argentina	1,94
Panamá	1,60
Chile	1,44
Bolívia	1,28
Brasil	1,12
Colômbia	0,69
Paraguai	0,44
Equador	0,35
Média da América Latina	2,03

Fonte: "La Democracia en América Latina", PNUD.

Quando se compara o Brasil à média da América Latina em termos de apoio à democracia, chega-se ao seguinte gráfico:

[13]Para a relação entre cultura e democracia vide (Harrison & Huntington, 2002).

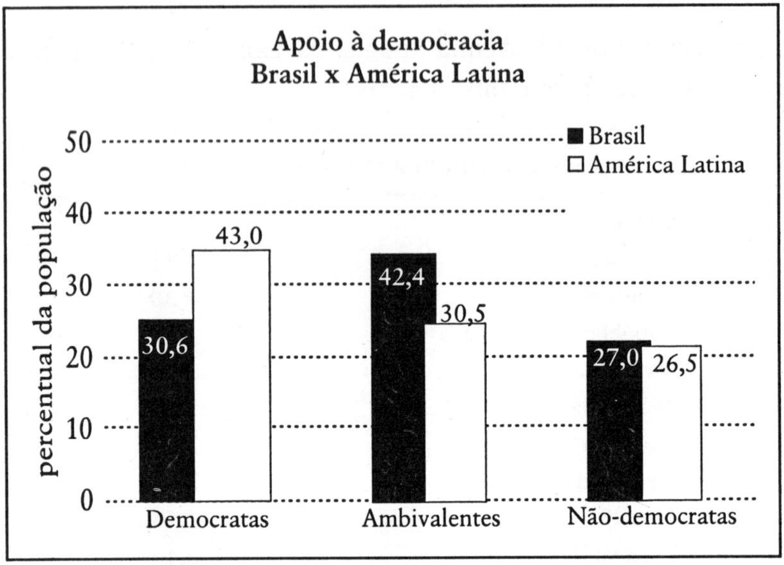

Fonte: "La Democracia en América Latina", PNUD.

Os brasileiros apreciam bem menos a democracia (30,6%) que os latino-americanos (43%). Já o número de brasileiros ambivalentes é maior que a média latino-americana. Enquanto que a quantidade de brasileiros (27%) que afirmaram "preferir um regime autoritário desde que ele resolva os problemas econômicos" foi ligeiramente superior à de 26,5%.

Democracia deve ser vista como a tentativa de minimização da dominação de uns indivíduos sobre outros (Shapiro, 2003). É impossível minimizar tal dominação, no Brasil, sem se levar em conta o relacionamento entre o poder político e a disparidade na distribuição de renda e riqueza. E mais. Tal assimetria atinge o ordenamento jurídico do país. Uns não têm acesso à Justiça e outros estão acima das leis. Possuem direitos, mas não deveres. Os incluídos contam com direitos e os excluídos com o destino. Os excluídos, portanto, são tanto materialmente como juridicamente pobres. São exclusões superpostas. E o que é pior, uma atrai a outra.

Os termos do relacionamento entre as Forças Armadas e o poder político ficaram nítidos na análise sobre o orçamento da União. País com tantas carências sociais e sem litígio fronteiriço reservou aos militares uma dotação e capacidade de execução orçamentária de destaque. A terceira em importância. Abaixo apenas da Previdência Social e Saúde e acima de Educação, Saneamento, Habitação etc. Mais canhões e menos manteiga.[14] Como não há inimigo externo à vista, pode-se concluir que o alvo destes canhões continue a ser, pelo menos parcialmente, o inimigo interno.

Diante de tais números, constata-se a baixa legitimidade que a democracia desfruta entre os brasileiros. O desafio reside em deixar de sermos uma democracia eleitoral para nos transformarmos em uma democracia de efetivos direitos. Portanto, dizer que a democracia brasileira está consolidada é um típico caso de desejo que algo se torne realidade, pelo simples desejo (*wishful thinking*).[15] Como é o caso de Fernando Henrique Cardoso ao afirmar que "da República até 1985, e mesmo na Constituinte, os militares ainda opinavam. De lá para cá, não mais. [...] A democracia como valor se enraizou" (Cardoso, 2004).

[14]Deduzidas as dotações conferidas às Forças Armadas para proteção das riquezas do país.

[15]Mais arriscado ainda é ser jovem entre 15 e 24 anos e residir na periferia das grandes cidades brasileiras. A média de mortes destes jovens atinge a cifra de 230 para cada 100 mil pessoas. Índice de letalidade tão elevado como este levou a Organização Não-Governamental Social Watch a definir como genocídio esta situação (Nidecker, 2004).

Em síntese, os militares brasileiros continuam a exercer influência política e detêm prerrogativas incompatíveis com um regime democrático. Esta influência vem aumentando, na área da "lei e da ordem", especialmente, com as sucessivas greves das Polícias Militares estaduais e aumento da violência urbana. A visão militar tende a analisar questões de segurança pública sob as lentes da segurança nacional.

Isto não significa dizer que os militares nunca têm seus interesses contrariados pelos civis. Se assim o fosse, ainda estaríamos no regime autoritário. O que pretendo ressaltar, e que isto fique claro, é que como ora os militares estão se ajustando ao poder civil e ora ao reverso, esta situação é incompatível com um regime democrático. Nele, os militares devem obedecer regularmente ao poder civil, e a intimidação não pode servir como moeda política (Coughlan, 1998).

Ante o que foi descrito e analisado ao longo do livro é impossível que os governantes eleitos no Brasil tenham poder real de governar com a presença de domínios reservados de poder (enclaves autoritários). Os governantes podem ir até um determinado ponto, sob pena de serem desestabilizados. O silêncio da elite política civil antes tais constrangimentos confirma ser o militarismo um fenômeno amplo, regularizado e socialmente aceito no Brasil.

A incapacidade da elite civil, entre 1985-2002, de gerir um Brasil se não para todos, pelo menos para a maioria da sua população, faz com que a presença militar na política continue a ser conseqüência e não causa desta inépcia. As perspectivas são de que o aparelho estatal continue autoritário a despeito dos avanços na democracia eleitoral brasileira. Prefere-se a estabilidade política ao aprofundamento da democracia. Por quanto tempo esta situação perdurará, é a pergunta que não quer calar.

Bibliografia

Abensour, Miguel. *A democracia contra o Estado*. Belo Horizonte: Ed. UFMG, 1998.

Agamben, Giorgio. *Homo Sacer*. Minas Gerais: Ed. UFMG, 2002.

Alexander, Gerard. *The Sources of Democratic Consolidation*. Ithaca: Cornell University Press, 2002.

Amorim, Maria Stella de; Burgos, Marcelo e Lima, Roberto Kant de. "Os juizados especiais no sistema judiciário criminal brasileiro: controvérsias, avaliações e projeções" in *Revista Brasileira de Ciências Criminais*, n. 40, out/dez, pp. 255-281, 2002.

Antunes, Priscila. *SNI e Abin*. Rio de Janeiro: Ed. FGV, 2002.

Araújo, Erilene. "Sociólogo diz que aliança com o PT é a tábua de salvação do PSDB" in *Diário de S. Paulo*, 6 de setembro, 2002.

Aron, Raymond. *As etapas do pensamento sociológico*. Brasília: Ed. UNB, 1982.

Azeredo, Zenaide. "Posse em clima de consternação e contrariedade" in *Jornal de Brasília*, 22 de dezembro, 1999.

Azeredo, Zenaide. "Ministro assume prometendo aumento" in *Jornal de Brasília*, 25 de janeiro, 2000.

Azevedo, Eliane. "Depoimento de general Cardoso é desmentido por chefe da Abin" in *O Estado de S. Paulo*, 27 de maio, 1999.

Baffa, Ayrton. *Nos porões do SNI*. São Paulo: Ed. Objetiva, 1995.

Barany, Zoltan. "Democratic Consolidation and the Military: The East European Experience" in *Comparative Politics*. v. 30, n. 1, pp. 21-44, 1997.

Bevilacqua, Luiz e Fortes, Lauro T. G. "A organização do programa espacial brasileiro", 2004.

Ben Meir, Yehuda. *Civil-Military Realtion in Israel*. Nova York: Columbia University Press, 1995.

Bobbio, Norberto. *A era dos direitos*. Rio de Janeiro: Campus, 1992.

———. *Igualdade e Liberdade*. Rio de Janeiro: Ediouro, 2002.

Boechat, Ricardo. "Coluna" in *Jornal do Brasil*, 1 de março, 2002.

Boix, Charles. *Democracy and Redistribution*. Cambridge: Cambridge University Press, 2003.

Boron, Atilio. *Estado, capitalismo e democracia na América Latina*. São Paulo: Paz e Terra, 1994.

Bresser Pereira, Luiz Carlos. "Da administração pública burocrática à gerencial" in Luiz Carlos Bresser Pereira (ed.). *Reforma do Estado e administração gerencial*. Rio de Janeiro: Ed. FGV, 1998.

———. "Argumentação e debate" in *Folha de S. Paulo*, 12 de novembro, 2002.

———. "O medo venceu a esperança" in *Folha de S. Paulo*, 9 de novembro, 2003.

Campos, Ana Maria. "Greenpeace exige acesso a ficha" in *Jornal do Brasil*, 8 de dezembro, 2000.

———. "Procurador pede inquérito contra a Abin" in *O Globo*, 16 de dezembro, 2000.

Cantanhede Eliane. "Governo vai defender que não há arquivo do Araguaia" in *Folha de S. Paulo*, 27 de julho, 2002.

Cardoso, Fernando Henrique. "A democracia se enraizou" in *www.tribuna.inf.br*, acessado em 7 de maio, 2004.

Carvalho, Jailton de. "Sem-terra são indiciados na LSN" in *Jornal do Brasil*, 17 de maio, 2000.

———. "Nomeada comissão para propor mudança na LSN" in *O Globo*, 24 de maio, 2000.

———. "Lei de Segurança Nacional perto do fim", 2002.

Carvalho, José Murilo de. "Vargas e os Militares" in Dulce Pandolfi, ed. *Repensando o Estado Novo*. Rio de Janeiro: Ed. FGV, 1999.

———. *Cidadania no Brasil*. Rio de Janeiro: Civilização Brasileira, 2003.

Castro, Celso. "The Military Politics in Brazil: 1964-2000" in University of Oxford Centre for Brazilian Studies, *Working Paper Series (CBS-10-00H)*, 2000.

Cepik, Marco. *Espionagem e democracia*. Rio de Janeiro: Ed. FGV, 2003.

Cerqueira, Carlos M. Nazareth. "Questões preliminares para a discussão de uma proposta de diretrizes constitucionais sobre segurança pública" in *Revista Brasileira de Ciências Criminais*, ano 6, n. 22, pp. 139-182 a 1998.

Cohen, Joshua. "Freedom, Equality, Pornography" in Sarat, Austin & Kearns, Thomas R. (eds.). *Justice and Injustice in Law and Legal Theory*. Ann Arbor: The Michigan University Press, 1998.

Colomer, Josep. *Strategic Transitions*. Baltimore: The Johns Hopkins University Press, 2000.

Contreiras, Hélio. *Militares e confissões*. Rio de Janeiro: Maud Editorial, 1998.

Costa, Arthur e Medeiros, Marcus. "Police Demilitarization: cops, soldiers and democracy" in *Journal of Conflict, Security and Development*, vol. 2:2, pp. 25-45, 2002.

Costa, Eduardo Ferrero. "Peru's presidential coup" in *Journal of Democracy*, v. 4, n. 2, January, pp. 28-40, 1993.

Couto, Ronaldo Costa. *Tancredo: casos e acasos*. Rio de Janeiro: Ed. Record, 1997.

———. *História indiscreta da ditadura e da abertura*. Rio de Janeiro: Record, 1998.

Cruvinel, Tereza. "Panorama Político" in *O Globo*, 15 de novembro, 2000.

———. "Panorama Político" in *O Globo*, 5 de outubro, 2001.

Dahl, Robert A. *Polyarchy*. New Haven: Yale University Press, 1971.

———. *Democracy and its Critics*. New Haven: Yale University Press, 1989.

DaMatta, Roberto. "Ética do privilégio" in *Jornal da Tarde*, 9 de maio, 1999.

David, Steven. "Democracy, Internal War and Israel Security" in Cohen, Stuart A. (ed.). *Democratic Societies and Their Armed Forces*. Londres: Frank Cass Publishers, 2000.

Day, Michael. "Changing Masters, Changing Priorities" in *Jane's Defence Weekly*, 7 de maio, 2002.

Delfim Netto, Antônio. "1999, um ano de dificuldades" in *Carta Capital*, 20 de janeiro, 1999.

Dershowitz, Alan. *Why Terrorism Work*. New Haven: Yale University Press, 2003.

Diamint, Rut. *Democracia y Seguridad en América Latina*. Buenos Aires: Nuevohacer, 2001.

Diamond, Larry. "Toward Democratic Consolidation" in *Journal of Democracy*, vol. 5, n. 3: 4-17, 1994.

Dualibi, Juliana. "Líder tucano compara Lula a Jango e diz que o governo é 'fraco e arrogante' in *Folha de S. Paulo*, 13 de dezembro, 2003.

Éboli, Evandro. "Tucano tenta destituir tucano" in *O Globo*, 11 de março, 2002.

———. "Araguaia: general quer recurso do governo contra abertura de arquivos" in *O Globo*, 2 de agosto, 2003.

Eisenstadt, S.N. *Paradoxes of Democracy*. Baltimore: The Johns Hopkins University Press, 1999.

Elster, Jon (ed.) *Deliberative Democracy*. Cambridge: Cambridge University Press, 1998.

Estrich, Susan. *Getting Away with Murder — How Politics is Destroying the Criminal Justice System*. Cambridge: Harvard University Press, 1998.

Evans, Peter. *Embedded Autonomy: States and Industrial Transformation*. Princeton: Princeton University Press, 1995.

Falcão, Rosa. "Classe média é rebaixada" in *Diário de Pernambuco*, 16 de maio, 2004.

Feaver, Peter. "Civil-Military Relations" in *Annual Review of Political Science* vol. 2: 211-241, 1999.

Fico, Carlos. *Como eles agiam*. Rio de Janeiro: Record, 2001.

Fitch, Samuel. *The Armed Forces and Democracy in Latin America*. Baltimore: The Johns Hopkins University Press, 1998.

Flores, Mario Cesar. "Democracia sitiada" in *O Estado de S. Paulo*, 22 de maio, 2001.

Fontes, Leandro e Medeiros, Lydia. "Chefe da Abin contradiz general" in *Correio Brasiliense*, 2 de junho, 1999.

França, William. "Civil assume Infraero após 17 anos" in *Folha de S. Paulo*, 20 de abril, 2000.

———. "General admite que setor da Abin está sem controle" in *Folha de S. Paulo*, 2 de dezembro, 2000.

França, William e Nahas, Daniela. "Após reajuste generais não aplaudem FHC" in *Folha de S. Paulo*, 13 de dezembro, 2000.

Francisco, Luís. "PF tinha plano 11 vezes mais barato" in *Folha de S. Paulo*, 1 de dezembro, 1999.

Freitas, Jânio. "Um produto legítimo" in *Folha de S. Paulo*, 18 de junho, 1999.

———. "A rede subterrânea" in *Folha de S. Paulo*, 6 de dezembro, 2000.

———. "Os espiões sem máscara" in *Folha de S. Paulo*, 3 de dezembro, 2000.

———."Passados 22 anos" in *Folha de S. Paulo*, 6 de junho, 2001.

Frias Filho, Otávio. "Lei e ordem" in *Folha de S. Paulo*, 31 de julho, 2003.

Gaspari, Elio. "O tucano foi embora baixando a Lei da Venda" in *Folha de S. Paulo*, 16 de fevereiro, 2003.

———. "De luciopetit@araguaia.edu para José Genoíno" in *Folha de S. Paulo*, 31 de julho, 2003.

Genoíno, José. "A espionagem da Abin" in *Jornal da Tarde*, 18 de novembro, 2000.

Giraldi, Renata e Carneiro, Sonia. "FH será protegido por 2 mil policiais" in *Jornal do Brasil*, 19 de abril, 2000.

Góis, Ancelmo. "Censura tucana" in *O Globo*, 21 de fevereiro, 2003.

Gomide, Raphael e Pinheiro, João. "Exército espiona partidos e sindicatos" in *Jornal do Brasil*, 20 de janeiro, 2002.

Goyard-Fabre, Simone. *O que é democracia?*. São Paulo· Martins Fontes, 2003.

Graziano, Xico. "A escola da ilusão perdida" in *Folha de S· Paulo*, 23 de janeiro, 2005.

Grillo, Cristina. "Brindeiro arquiva apuração sobre general" in *Folha de S. Paulo*, 11 de abril, 2000.

Harrison, Lawrence e Huntington, Samuel. *A cultura importa*. Rio de Janeiro: Record, 2002.

Held, David. *Modelos de democracia*. Belo Horizonte: Paidéia, 1987.

Holmes, Stephen. "Lineages of Rule of Law" in Maravall, José María e Przeworski, Adam. *Democracy and the Rule of Law*. Cambridge: Cambridge University Press, 2003.

Huamany, Walter e Vasconcelos, Adriana. "Itamar acha que Minas será invadida por tropa federal. FH pede interpelação" in O *Globo*, 22 de junho, 2000.

Hunter, Wendy. *Eroding Military Influence in Brazil*. Chapel Hill: The University of North Carolina Press, 1997.

Huntington, Samuel. *A terceira onda*. São Paulo: Ática, 1994.

Irwin, Domingo. "Pretorianismo y Control Civil en la Evolución Histórica del Siglo XX Venezuelano: Un Comentario Bibliográfico y Educativo" in Irwin, Domingo e Langue, Frédérique (eds.). *Military y Sociedad en Venezuela*. Caracas: Universidad Católica Andrés Bello, 2003.

Jungblut, Cristiane; Tavares, Rodrigo França; Bezerra, Múcio, e Schmidt, Selma. "FH descarta Exército nas ruas" in O *Globo*, 23 de setembro, 1999.

Jungblut, Cristiane e Carvalho, Jailton de. "Governo quer lei de defesa do Estado de Direito" in O *Globo*, 23 de maio, 2000.

Jungblut, Cristiane. "Cardoso demite diretor da Abin" in O *Globo*, 1 de dezembro, 2000.

———. "FH afirma que tentou fazer tudo pelas Forças Armadas e agradece a colaboração" in O *Globo*, 19 de setembro, 2002.

Júnior, Policarpo. "Espionagem no Planalto" in *Veja*, 15 de novembro, 2000.

Júnior, Policarpo e Dieguez, Consuelo. "O estilo Paulo Henrique" in *Veja*, 29 de novembro, 2000.

Kant de Lima, Roberto. *A polícia da cidade do Rio de Janeiro: seus dilemas e paradoxos*. Rio de Janeiro: Forense, 1995.

Kohn, Richard. *An Essay on Civilian Control of the Military*. www.unc.edu/dpets/diplmat/AD_Issues/amdipl_3/kohn.html, 1990.

Kramer, Dora. "Coluna" in *Jornal do Brasil*, 4 de janeiro, 2000.

Krieger, Gustavo. "Informe JB" in *Jornal do Brasil*, 18 de setembro, 2002.

Krugman, Paul. "Distribuição irregular de renda pode levar à plutocracia" in *Folha de S. Paulo*, 15 de junho, 2002.

Lacerda, André e Carvalho, Jailton de. "Pasta pode ganhar mais poder", *Jornal do Brasil*, 25 de março, 1998.

Lana, Fabiano. "Acordo regula ação dos EUA no Brasil" in *Jornal do Brasil*, 13 de agosto, 1999.

La Peña, Bernardo de. "Procuradoria pede à PF acareação entre general Cardoso e chefe da Abin no Rio" in *O Globo*, 29 de maio, 1999.

———. "Liminar impede Forças Armadas de afastar portadores do vírus da Aids", *O Globo*, 2 de agosto, 2000.

Leali, Francisco. "Ministro sob fogo cruzado" in *Jornal do Brasil*, 29 de dezembro, 1999.

Leali, Francisco. "Quintão fez viagem particular pela FAB" in *Jornal do Brasil*, 22 de janeiro, 2000.

———. "Código Militar fica para março" in *Jornal do Brasil*, 19 de fevereiro, 2000.

Leali, Francisco; Jungblut, Cristiane e D'Ercole, Ronaldo. "PF desiste de Lei de Segurança contra sem-terra" in *O Globo*, 9 de maio, 2000.

Lemos, Renato (ed.). *Justiça fardada — O general Peri Bevilaqua no Superior Tribunal Militar (1965-1969)*. Rio de Janeiro: Bom Texto Editora, 2004.

Lima, Maria. "Senado aprova indicação para STM de general que invadiu CSN" in *O Globo*, 21 de outubro, 1999.

Limongi, Fernando e Figueiredo, Argelina. "Em busca do orçamento perdido" in *Insight Inteligencia*, n. 16, Janeiro/Março, pp. 145-156, 2002.

Lopes, Roberto. "Sem defesa" in *Folha de S. Paulo*, 11 de maio, 2000.

———. "Oportunidade para civis na condução da Defesa Nacional: o caso do Brasil" in *Defense and Security Studies International Congress*, Washington, D.C., maio, 2001.

Loveman, Brian. "'Protected Democracies' and Military Guardianship: Political Transitions in Latin America, 1978-1993" in *Journal of Interamerican Studies and World Affairs*, v. 36, number 2, pp. 105-189, 1994.

Lourenço Neto, José da Silva. *Direito Penal Militar*. São Paulo: Atlas, 1995.

Luiz, Edson e Monteiro, Tânia. "General vê 'conspiração' para desmoralizar Abin" in *O Estado de S. Paulo*, 3 de dezembro, 2000.

Lutz, Catherine. "Making War at Home in the United States: Militarization and the Current Crisis" in *American Anthropologist*, vol. 104, n. 3, 2002.

Macedo, Ana Paula. "FH a militares: Brasil é um dos países mais democráticos do mundo" in *O Globo, 18 dezembro, 2002.*

Macedo, Fausto. "Muçulmanos pedem inquérito contra a Abin" in *O Estado de S. Paulo*, 17 de dezembro, 2000.

Maciel, Marco. “Política, Direito e Justiça” in *Jornal do Commercio*, 30 de novembro, 1999.

Magalhães, Evaldo. “Itamar diz estar convencido de que foi espionado” in *O Estado de S. Paulo*, 15 de novembro, 2000.

Magaloni, Beatriz. “Protecting Right in New Democracies: Is limited Government Enough?”, manuscrito, 2000.

———. “Authoritarianism, Democracy and the Supreme Court: Horizontal Exchange and the Rule of Law in Mexico” in Mainwaring, Scott e Welna, Christopher (eds.). *Democratic Accountability in Latin America*. Oxford: Oxford University Press, 2003.

Maia, Monica Torres. “Arapongas armados: uma nova polêmica” in *O Globo*, 12 de março, 2000.

Mainwaring, Scott e Pérez-Liñán, Aníbal. “Latin American Democratization since 1978: Regime Transitions, Breakdowns, and Erosion”, manuscrito, 2003.

Mainwaring, Scott; Brinks, Daniel e Pérez-Liñán, Aníbal. “Classificando regimes políticos na América Latina” in *Dados*, vol. 44, n. 4, pp. 645-687, 2001.

Manin, Bernard. *The Principles of Representative Government*. Cambridge: Cambridge University Press, 1977.

Manning, Carrie & Antic, Miljenko. “The Limits of Electoral Engineering” in *Journal of Democracy*, vol. 14, n. 3, July, pp. 45-59, 2003.

Maravall, José María e Przeworski, Adam. *Democracy and the Rule of Law*. Cambridge: Cambridge University Press, 2003.

Mariano, Benedito. “O exemplo da polícia canadense” in *Folha de S. Paulo*, 25 de fevereiro, 1998.

Marshall, T. H. “Citizenship and Social Class” in Marshall,

T.H. (ed.). *Class, Citizenship, and Social Development*. Chicago: University of Chicago Press, 1970.
Martins, Franklin. "Crônica de uma crise militar anunciada" in *Jornal de Brasília*, 19 de dezembro, 1999.
McSherry, J. Patrice. *Incomplete Transition: Military Power and Democracy in Argentina*. Londres: Saint Martin's Press, 1997.
Medeiros, Lydia. "Constituição cidadã: avanços e revelações" in *O Globo*, 5 de outubro, 2003.
Medeiros, Lydia e Vasconcelos, Adriana. "'Nunca mandei nem procurei mandar'" in *O Globo*, 30 de janeiro, 2005.
Meireles, Andrei. "Defesa aberta" in *IstoÉ*, 6 de outubro, 1999.
Meireles, Andrei e Miranda, Ricardo. "O monstro se mexe no porão" in *IstoÉ*, 19 de novembro, 2000.
Melo, Clovis Alberto Vieira de. "Alta corrupção como resposta a baixos níveis de accountability". Dissertação de Mestrado em Ciência Política. UFPE: Recife, 2003.
Melo Filho, Hugo Cavalcanti. *A independência judicial como fenômeno positivo para a democracia*. Dissertação de Mestrado em Ciência Política. Recife: Universidade Federal de Pernambuco, 2002.
Melo, Fiúza de e Cariello, Rafael. "'Sigilo eterno' inviabiliza pesquisa no Rio" in *Folha de S. Paulo*, 8 de fevereiro, 2004.
Melazo, Fernanda e Delgado, Maria Lúcia. "Partidos querem revogar a LSN" in *Jornal do Brasil*, 19 de maio, 2000.
Melo, Jamildo. "Reforma opõe juízes a militares" in *Jornal do Commercio*, 8 de junho, 2003.
Mendes, Vannildo. "Ex-padre acusa novo diretor da PF de torturá-lo" in *O Globo*, 10 de junho, 1999.
———. "Marés sai atirando" in *O Globo*, 24 de abril, 2000.

Michael, Andréa. "Exército monitora até hoje guias que usou na guerrilha" in *Folha de S. Paulo*, 25 de julho, 2001.

Miguel, Luís Felipe. "A democracia domesticada: bases antidemocráticas do pensamento democrático contemporâneo" in *Dados*, vol. 45, n. 3, 2003.

Monteiro, Tânia. "FHC devolve status de ministro a Cardoso" in *O Estado de S. Paulo*, 12 de junho, 1999.

Moreira Alves, Márcio. "Gentes da guerra" in *O Globo*, 29 de dezembro, 1999.

Nassif, Luís. "Os desencontros de FHC com Bush" in *Folha de S. Paulo*, 2 de agosto, 2002.

Neto, Lira. *Castello — A Marcha para a Ditadura*. São Paulo: Contexto, 2004.

Noblat, Ricardo. "A história do golpe que não houve" in *Jornal do Brasil*, 24 de março, 1998.

Nogueira, Octaciano. "Democracia por fora, autocracia por dentro" in *Correio Braziliense*, 27 de julho, 2004.

Nogueira, Rui. "Exército assume defesa do general Cardoso" in *Folha de S. Paulo*, 5 de junho, 1999.

Nogueira, Rui & França, William. "Militares podem omitir papéis", *Folha de S. Paulo*, 19 de maio, 2000.

Nordlinger, Eric. *Soldiers in Politics: Military Coups and Government*. Engleewood Cliff: New Jersey, 1977.

O'Donnell, Guillermo. "Acerca de varias accountabilities y sus interrelaciones" in Peruzotti, Enrique & Smulovitz, Catalina (eds.). *Controlando la Política*. Buenos Aires: Temas Grupo Editorial, 2001.

Oliveira, Flavio Alberto Machado. "O militar portador de HIV", www.apeb.com.br, acessado em 1 de abril de 2004.

Oltromari, Alexandre. "Segurança de FHC custou R$ 1,7 mi" in *Folha de S. Paulo*, 5 de junho, 2000.

Otavio, Chico. "Lei de Segurança Pública muda sua face" in *O Globo*, 8 de junho, 1997.

Ottaway, Marina. *Democracy Challenged — The Rise of Semi-Authoritarianism*. Washington: Carnegie Endowment for International Peace, 2003.

Paiva, Uilson. "Para Lula, governo FHC está 'desmoralizado'" in *O Estado de S. Paulo*, 27 de maio, 2001.

Passarinho, Jarbas. "Absurdo e desespero" in *Correio Braziliense*, 14 de maio, 2002.

Patury, Felipe. "Brasil paga 'tropa' de 248 no exterior" in *Folha de S. Paulo*, 21 de outubro, 1999.

Penteado, Gilmar. "PM apavora bairro na zona norte de SP" in *Folha de S. Paulo*, 11 de março, 2004.

Pereira, Anthony. "An Ugly Democracy? State Violence and the Rule of Law in Post-Authoritarian Brazil" in Kingstone, Peter e Powers, Tim (eds.). *Democratic Brazil*. Pittsburgh: University of Pittsburgh Press, 2000.

Pereira, Anthony e Ungar, Mark. "The Persistence of the *Mano Dura*: Authoritarian Legacies and Policing in Brazil and the Southern Cone" in Hite, Katherie e Cesarini, Paola (eds.). *Democracy in Latin America and Southern Cone*. Notre Dame: University of Notre Dame Press, 2004.

Pereira, Anthony e Zaverucha, Jorge. "The Neglected Step-Child: Military Justice and Democratic Transition in Chile" in *Social Justice*, vol. 13, n. 2, 2005.

Peruzzotti, Enrique e Smulovitz, Catalina (eds.). *Controlando la Política*. Buenos Aires: Temas Grupo Editorial, 2002.

Pinto, Paulo Silva. "A boa vida das missões militares" in *Correio Braziliense*, 8 fevereiro, 2002.

Plattner, Marc e Laidi, Zaki. "Is Globalization Good for Democracy?" in *Journal of Democracy*, vol. 13, n. 3, pp. 54-67, 2002.

Plattner, Marc. "Liberalism and Democracy" in *Journal of Democracy*, vol. 77, n. 2, March/April, pp. 171-180, 1998.

Policarpo, Júnior. "Guerra em casa" in *Veja*, 20 de novembro, 1996.

Power, Timothy. *The Political Right in Postauthoritarian Brazil: Elites, Institutions, and Democratizaion*. University Park: The Pennsylvania State University Press, 2000.

Przeworski, Adam. "Ama a incerteza e serás um democrata" in *Novos Estudos Cebrap*, n. 9, pp. 36-56, 1984.

———. "Minimalist Conception of Democracy: a defense" in Shapiro, Ian & Hacker-Cordón, Cassiano (eds.). *Democracy's Value*. Cambridge: Cambridge University Press, 1999.

———. "Accountability social en América Latina y más allá" in Peruzotti, Enrique & Smulovitz, Catalina (eds.). *Controlando la Política*. Buenos Aires: Temas Grupo Editorial, 2001.

Przeworski, Adam; Alvarez, Michael; Cheibub, José Antônio e Limongi, Fernando. *Democracy and Development: Political Institutions and Well-Being in the World, 1950-1990*. Cambridge: Cambridge University Press, 2000.

Puliti, Paula. "Cardoso diz que Senad coordena repressão" in *O Estado de S. Paulo*, 19 de abril, 2000.

Rezende, Fernando e Cunha, Armando (eds.). *O orçamento público e a transição do poder*. Rio de Janeiro: Ed. FGV, 2003.

Rezende, Flávio da Cunha. *Por que falham as reformas administrativas?* Rio de Janeiro: Ed. FGV, 2004.

Ribeiro Jr., Amaury e Pinto, Anselmo Carvalho. "Procuradoria pede à Abin dossiê sobre bicheiro" in O *Globo*, 15 de maio, 2001.

Rice, Condoleeza. "The Military under Democracy" in *Journal of Democracy*, vol. 3, pp. 27-41, 1992.

Rigby, Andrew. *Justice and Reconciliation*. Boulder: Lynne Rienner, 2001.

Rodrigues, Valdeci. "Investigações da Abin vão ter controle" in *Jornal do Brasil*, 17 de novembro, 2000.

Rodrigues, Fernando. "Há 'sexo consentido' entre índia e militar, diz Quintão", *Folha de S. Paulo*, 21 de março, 2001.

Roemer, John E. "Does Democracy Engender Justice?" in Shapiro, Ian & Hacker-Cordón, Cassiano (eds.). *Democracy's Value*. Cambridge: Cambridge University Press, 1999.

Rossi, Clovis. "Há fazendas e fazendas" in *Folha de S. Paulo*, 3 de maio, 2001.

Rotker, Susana. *Citizens of Fear — Urban Violence in Latin America*. New Brunswick: Rutgers University Press, 2002.

Sadek, Maria Tereza. *Delegados de polícia*. São Paulo: Ed. Sumaré, 2003.

Sandrini, João. "Militar da ANP vai investigar adulteração" in *Folha de S. Paulo*, 12 de abril, 2001.

Sánchez-Cuenca, Ignacio. "Power, Rules, and Compliance" in Maravall, José María e Przeworski, Adam (eds.). *Democracy and the Rule of Law*. Cambridge: Cambridge University Press, 2003.

Sarney, José. "Democracia simulada" in *Folha de S. Paulo*, 8 de março, 2002.

———. "Boa noite, presidente" in *Folha de S. Paulo*, 21 de janeiro, 2005.

Schattschneider, E.E. *The Semi-Sovereign People*. Nova York: Holt Reinhart, 1960.

Schneider, Ben Ross. "Democratic Consolidations: Some Broad Comparisons and Sweeping Arguments" in *Latin American Research Review*, vol. 30, n. 2, pp. 215-234, 1995.

Schumpeter, Joseph. *Capitalism, Socialism and Democracy*. Nova York: Harper, 1942.

Secco, Alexandre. "Militares para quê?" in *Veja*, 26 de janeiro, 2000.

Sen, Amartya. *Desenvolvimento como liberdade*. São Paulo: Companhia das Letras, 1999.

Shain, Yossi e Linz, Juan. *Between States — Interim Governments and Democratic Transitions*. Cambridge: Cambridge University Press, 1995.

Shamburg, David e Yang, Richard Y. (eds.). *China's Military in Transition*. Oxford: Clarendon Press, 1997.

Shapiro, Ian. *The State of Democratic Theory*. Princeton: Princeton University Press, 2003.

Silveira, Wilson. "Projeto da nova LSN é concluído" in *Folha de S. Paulo*, 5 de dezembro, 2000.

Soares, Gláucio Ary Dillon e D'Araújo, Maria Celina (eds.). *21 anos de regime militar: balanços e perspectivas*. Rio de Janeiro: Fundação Getulio Vargas, 1994.

Souza, Amaury de e Lamounier, Bolívar. "A feitura da nova Constituição: um reexame da cultura política brasileira", in Lamounier, Bolívar (ed.). *De Geisel a Collor: o balanço da transição*. São Paulo: Idesp, 1990.

Souza, Jessé de. *A construção da subcidadania*. Belo Horizonte: Editora UFMG, 2003.

Souza, Josias de. "Exército chama sua operaçao de 'Anjo da Guarda'" in *Folha de S. Paulo*, 2 de agosto, 2001.

———. "Arquivo revela ação secreta do Exército" in *Folha de S. Paulo*, 2 de agosto, 2001.

———. "Exército espiona sem-terra desde 1998" in *Folha de S. Paulo*, 11 de março, 2001.

———. "Ministério Público critica militares" in *Folha de S. Paulo*, 31 de agosto, 2001.

———. "Exército se embrulha em seus próprios papéis secretos" in *Folha de S. Paulo*, setembro, 2001.

Sustain, Cass R. "The Negative Constitution: Transition in Latin America" in Stotzky, Irwin P. (ed.). *Transition to Democracy in Latin America: The Rule of the Judiciary*. Boulder: Westview Press, 1993.

Stepam, Alfred e Robertson, Graeme B. An "Arab more than Muslim Electoral Gap" in *Journal of Democracy*, vol. 13, n. 4, pp. 30-44, 2003.

Stepan, Alfred. *Rethinking Military Politics*. Princeton: Princeton University Press, 1988.

———. *The Military in Politics: Changing Patterns in Brazil*. Princeton: Princeton University, 1971.

Sustain, Cass. "The Negative Constitution: Transition in Latin America" in Stotzky, Irwin P. (ed.). *Transition to Democracy in Latin America: The Rule of the Judiciary*. Boulder: Westview Press, 1993.

Suwwan, Leila. "Exército faz crítica à apreensao de papéis secretos por procuradores" in *Folha de S. Paulo*, 28 de janeiro, 2001.

Tavares, José Vicente. "A arma e a flor: formação da organização policial, consenso e violência" in *Tempo Social*, 9(1), 1997.

Taylor, Brian. *Politics and the Russian Army*. Cambridge: Cambridge University Press, 2003.

Teixeira, Helder. "Geisel, os militares e o projeto distensionista: transição para democracia ou continuísmo da ingerência militar na política brasileira?". Dissertação de Mestrado em Ciência Política, Recife: Universidade Federal de Pernambuco, 2001.

Tilly, Chales. *The Politics of Collective Violence*. Cambridge: Cambridge University Press, 2003.

Tognoni, Reni. "Conselho da TV Cultura condena veto" in *O Globo*, 9 de maio, 2000.

Tollefson, Scott. "Civil-Military Relations in Brazil: The Myth of Tutelary Democracy", *LASA International Congress*, manuscrito, 1995.

Van Creveld, Martin. *Ascensão e declínio do Estado*. São Paulo: Martins Fontes, 2004.

Vasconcelos, Adriana e Jungblut, Cristiane. "FH defende substituição da Lei de Segurança" in *O Globo*, 21 de maio, 2000.

Vaz, Lucio. "Gasto militar cresce, mas investimento cai" in *Folha de S. Paulo*, 7 de setembro, 2002.

Vianna, Marcio. "O paradigma brasileiro" in *Ciência Hoje*, vol. 34, n. 201, 2004.

Weber, Luís Alberto. "Ninho de arapongas" in *Correio Braziliense*, 21 de setembro, 1996.

Weeks, Gregory. *The Military and Politics in Postauthoritarian Chile*. Alabama: The University of Alabama Press, 2003.

Werneck, Antônio. "BNDES: Dois condenados por grampo" in *O Globo*, 12 de novembro, 2002.

Zaffaroni, Eugenio. *Poder Judiciário*. São Paulo: Ed. Revista dos Tribunais, 1995.

Zakaria, Fareed. *The Future of Freedom*. Nova York: W.W. Norton & Company, 2003.

———. "The Rise of Iliberal Democracy" in *Foreign Affairs*, vol. 76, n. 6, 1997.

Zanetti, Fábio. "O compromisso do combate à pirataria" in *Correio Braziliense*, 12 de fevereiro, 2005.

Zaverucha, Jorge. *Rumor de sabres*. São Paulo: Ática, 1994.

———. *Frágil democracia: Collor, Itamar, FHC e os militares*. Rio de Janeiro: Civilização Brasileira, 2000.

———. "Fragile Democracy and the Militarization of Public Safety in Brazil" in *Latin American Perspectives*. v. 27, n. 3, pp. 8-31, 2000.

———. "Militares e participação política no Brasil do final e início do século XXI" in *Revista da USP*, n. 49, pp. 30-39, 2001.

———. "Poder militar: entre o autoritarismo e a democracia" in *São Paulo em perspectiva*, vol. 15, n. 4, pp. 76-83, 2001.

———. "(Des)Controle civil sobre os militares no governo de Fernando Henrique Cardoso" in *Lusotopie*, n. 12, vol. 3, 2003.

Zaverucha, Jorge e Teixeira, Helder B. "A literatura sobre relações civis-militares no Brasil (1964-2002): uma síntese" in *BIB*, n. 55, pp. 3-148, 2003.

Zaverucha, Jorge e Melo Filho, Hugo Cavalcanti. "Superior Tribunal Militar: entre o autoritarismo e a democracia" in *DADOS*, vol. 47, n. 4, pp. 763-797, 2004.

O texto deste livro foi composto em Sabon, desenho tipográfico de Jan Tschichold de 1964 baseado nos estudos de Claude Garamond e Jacques Sabon no século XVI, em corpo 11/15. Para títulos e destaques, foi utilizada a tipografia Frutiger, desenhada por Adrian Frutiger em 1975.

A impressão se deu sobre papel off-white 80g/m² pelo Sistema Cameron da Divisão Gráfica da Distribuidora Record.

Seja um Leitor Preferencial Record
e receba informações sobre nossos lançamentos.
Escreva para
RP Record
Caixa Postal 23.052
Rio de Janeiro, RJ – CEP 20922-970
dando seu nome e endereço
e tenha acesso a nossas ofertas especiais.

Válido somente no Brasil.

Ou visite a nossa *home page*:
http://www.record.com.br